NOTICE

GÉNÉALOGIQUE ET BIOGRAPHIQUE

Sur la Famille

DE TARADE

ET SUR SES ALLIANCES

21240

NOTICE

GÉNÉALOGIQUE ET BIOGRAPHIQUE

Sur la Famille

DE TARADE

ET SUR SES ALLIANCES

Jnv 1883.

TOURS. — IMPRIMERIE E. MAZEREAU
11, rue Richelieu, 11.

LE COURAGE L'A CONQUIS, L'HONNEUR LE GARDE.

NOTICE

GÉNÉALOGIQUE ET BIOGRAPHIQUE

SUR LA FAMILLE

DE TARADE

ET SUR SES ALLIANCES

PAR G.-P.-ÉMILE DE TARADE

LIEUTENANT DE CAVALERIE EN RETRAITE, OFFICIER D'ACADÉMIE, ANCIEN PROFESSEUR LIBRE DE
PHYSIOLOGIE COMPARÉE, CHEVALIER DE L'ORDRE ROYAL ET MILITAIRE DU CHRIST (PORTUGAL),
ET DE L'ORDRE IMPÉRIAL DE GUADALUPE, DÉCORÉ DE LA MÉDAILLE ROYALE DE SUÈDE : *litteris
et artibus.*

Collatis lapidibus surgit monumentum.

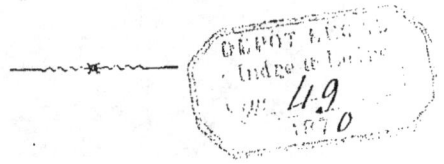

TOURS

IMPRIMERIE ET LIBRAIRIE ERNEST MAZEREAU
11, rue Richelieu, 11

1870

G. P. Émile de Tarade

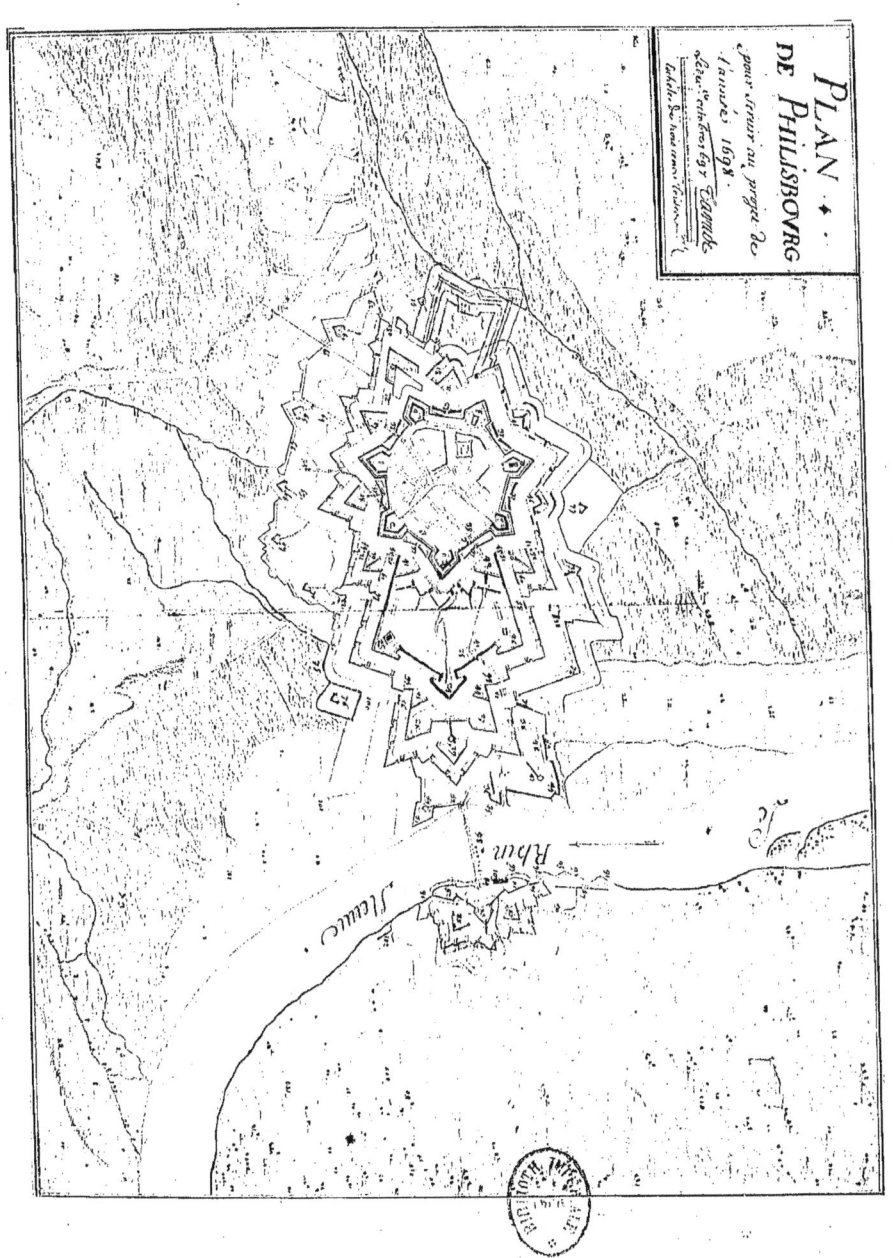

PLAN
DE PHILISBOVRG

pour servir au projet de
l'année 1698.

INTRODUCTION.

Lorsque nos ancêtres se sont distingués dans quelque carrière honorable, telle que celle de la magistrature et des armes, et qu'ils ont ainsi, en servant leur prince et leur pays, noblement payé le tribut que chacun doit à la société, il est du devoir de leurs descendants de réunir avec soin les documents authentiques qui concernent les différents membres de la famille, en remontant, autant que faire se peut, jusqu'à la souche, afin de présenter en un seul faisceau l'histoire détaillée de toute la famille et de ses alliances.

Dans un pareil travail, il importe de faire ressortir les services et les actions remarquables dont se sont honorés nos aïeux, ainsi que tout ce qui peut donner du relief à une famille; car, comme le dit très-justement, dans une de ses lettres à son frère, M. l'abbé de Verdalle, premier aumônier de la Maison Impériale de la Légion-d'honneur d'Ecouen, « ..... lorsque nous recherchons les tra-
« ditions de notre famille, ce n'est pas pour nous
« inspirer le vain orgueil que peut donner un

1

« nom ancien. La véritable noblesse est bien plus
« dans le cœur que dans la naissance (1), et, tout
« en traçant la vieille histoire de notre famille,
« il faut répéter : *Vanitas vanitatum...* Cependant
« il y a obligation de rechercher dans l'histoire
« de son nom le tableau de ses devoirs, et, pour
« ainsi dire, la conscience de l'honneur. *Noblesse*
« *oblige.....* »

En effet, si le souvenir des grands services rendus par leurs pères doit se déverser sur les enfants,
pour les protéger et les recommander à l'attention
publique, il les force, par cela même, à se main-
tenir dans une supériorité qui devient à son tour
un exemple et une garantie pour leur race.

Dieu a fait du travail une nécessité pour l'es-
pèce humaine. L'homme, jeté nu sur la terre, sans
armes, obligé d'emprunter dans son enfance les
soins de ses semblables, dût trouver dans son
intelligence, ce présent céleste si fertile en ressources, les moyens de subvenir à ses besoins...
Ces besoins sont nombreux, et, comme pour en
augmenter le nombre à plaisir, l'homme s'en crée
de nouveaux, factices, nullement nécessaires, et
qui bientôt deviennent pour lui de véritables ty-
rans.

(1) On oublie trop que la naissance plus ou moins élevée est un
simple effet du hasard.

La parole a été donnée à l'homme pour communiquer à ses semblables ses idées, ses sensations, ses besoins ; Dieu a donc évidemment créé l'homme pour vivre en société. Les soins d'autrui, indispensables à l'enfance, sembleraient d'ailleurs, selon les desseins de la Providence, indiquer à l'homme, dès son bas âge, la communauté d'intérêts et l'esprit de charité qui doivent exister entre tous les fils de la grande famille humaine. Cela étant, nous sommes tous membres solidaires de ce grand corps qu'on appelle le corps social, et si nous sommes dans une position telle que nous n'ayons pas besoin de travailler pour vivre, nous devons travailler pour les autres, afin de concourir au bonheur général, que nous ne devons jamais perdre de vue ; et c'est ici qu'il convient d'appliquer la morale de la belle fable de Lafontaine, *Les membres et l'estomac.*

Aussi ne nous est-il point permis de vivre dans l'oisiveté, traînant çà et là une vie inutile. La promenade même doit avoir un but. La chasse, la lecture, les jeux de société, la culture des lettres, des beaux-arts, etc., considérés comme amusement, sont assurément des plaisirs permis ; mais à la condition qu'on n'en jouisse que comme d'un délassement, après des services effectifs rendus à la société sous une forme ou sous une autre. On

ne devrait jamais oublier que ces plaisirs, pure-
ment personnels, ne sont que l'accessoire et non
le principal de la vie. Où est le mérite de ne
marquer son passage parmi les hommes que par
sa naissance et par sa mort? L'herbe et l'oubli
couvrent promptement la tombe de ceux qui ont
à ce point méconnu leurs devoirs, et même, leur
nullité les ayant laissé inconnus, on n'a pas à les
oublier; tandis que le souvenir des hommes qui
se sont distingués par leurs travaux, des fonda-
tions charitables ou des actions utiles, vivra éter-
nellement dans la mémoire des hommes et dans
la reconnaissance publique. Leurs noms s'entou-
rent, pour la postérité, d'une auréole de gloire
et de respect, bien faite pour exciter l'enthou-
siasme et leur créer des imitateurs.

Nous citerons à ce sujet un passage de notre
Voyage d'artiste, ouvrage publié alors qu'il n'était
nullement question de la présente notice.

« Il est évident que nous descendons tous
« d'Adam et d'Ève, sans la moindre exception.
« Or, plus une famille est ancienne, plus elle est
« noble : nous sommes donc tous de noblesse, et
« je dis de la meilleure. Seulement, à l'époque où
« il l'a justement fallu, les uns, parmi nos aïeux,
« savaient lire et écrire; d'autres ne le savaient
« pas; mais ils étaient riches, puissants et avaient

« à leurs gages des gens qui écrivaient pour eux,
« tenant note des faits et gestes de leurs patrons...
« (Dieu me pardonne! j'allais dire de leurs maî-
« tres!) Ainsi, Charlemagne, qui fit tant pour les
« lettres, ne savait pas écrire et signait pourtant
« d'une manière magistrale, d'une manière qui
« en valait bien une autre et qui témoignait assez
« de sa puissance..... il signait avec le pommeau
« de son épée (1).

« D'autres, très-nombreux, ne savaient rien, ne
« possédaient rien, et vivaient à l'état sauvage,
« n'ayant souci que de se procurer, par la chasse
« et par la pêche, de quoi mettre sous la dent et
« de quoi défendre leurs corps contre le froid, au
« moyen des fourrures des animaux qu'ils avaient
« tués. Ces braves gens s'occupaient peu de rédi-
« ger des chartes. Quant à ceux qui savaient ma-
« nier une plume, ils racontaient comment le sire
« Olivier, dans une chaude affaire contre gens à
« turban, qui avaient la prétention de prier à leur
« manière (guidés qu'ils étaient par une lourde et
« indigeste contrefaçon du Livre par excellence),
« comment le sire Olivier, dis-je, avait, de sa vi-
« goureuse main, occis dix pauvres diables qu'il
« ne connaissait pas, et que leur mauvaise étoile

(1) Ceci repose sur une croyance ancienne et erronée : Nous ap-
prenons que l'Etat possède plusieurs belles signatures de ce mo-
narque.

« avait amenés justement à portée de sa redou-
« table masse d'armes ; comment le sire Ange, fort
« peu digne de ce nom, avait porté le fer, le feu et
« la dévastation chez le sire de Galbert, qui n'a-
« vait d'autre tort que d'être moins puissant que
« son redoutable voisin, etc., etc.

« Oh ! j'en conviendrai avec joie, d'autres, et
« en nombre considérable parmi nos pères, ont
« payé à la patrie une dette sacrée ; ils ont con-
« couru à conserver la France, à disputer, à arra-
« cher aux étrangers une aussi riche proie, et c'est
« au prix de leur vie qu'ils ont payé cette dette...
« Nous en pourrions citer à qui nous tenons de
« très-près, qui ont vu leurs fils tomber près d'eux
« sous le feu ou sous le fer de l'ennemi. Nous en
« pourrions citer tant d'autres dont les sentiments
« généreux se sont traduits par des œuvres pieuses,
« par la fondation d'asiles destinés à la vieillesse,
« au malheur, à l'humanité souffrante... Ah ! voilà
« bien la vraie noblesse ! celle qui joint à une il-
« lustre origine les sentiments les plus élevés...
« La voilà comme je la comprends. Voilà com-
« ment quelques-uns se trouvent nobles, et com-
« ment tant d'autres ne le sont pas... Mais enten-
« dons-nous bien : s'il résulte de vos parchemins
« que vos aïeux étaient braves, humains, géné-
« reux, justes enfin, oui, *concedo*, vous êtes no-

« bles, mais à la condition absolue, aux yeux du
« sage, de les imiter dans ce que leur conduite a
« eu de noble et de grand. Si vous vous bornez à
« vivre en égoïste, à satisfaire vos passions, à ne
« rien faire pour le corps social, tout en affectant
« un souverain mépris pour les admirables insti-
« tutions qui le régissent, oh! je vous déclare,
« moi, que vos ancêtres étaient nobles, dans toute
« l'acception du mot, mais je vous déclare aussi
« que vous vous n'êtes noble que de nom..... »

A notre tour nous répéterons avec M. l'abbé de
Verdalle : *Noblesse oblige.*

« L'oisiveté est la mère de tous les vices, »
a-t-on dit depuis longtemps... En effet, l'homme
inutile est bien près de devenir nuisible, et quelques moralistes sévères, poussant les choses trop
loin assurément, vont jusqu'à dire que l'homme
qui ne travaille point n'a pas le droit de manger.

Mais, m'objectera-t-on, parmi les savants, les
gens de lettres, les artistes, quelques-uns de ces
hommes qui étonnent l'humanité et l'élèvent si haut
par la puissance de leur génie, quelques-uns, di-
sons-nous, méconnus de leur vivant, manquent
souvent du nécessaire et meurent de faim dans le
coin de quelque grenier. Il est trop vrai : les circonstances n'ont pas toujours été en leur faveur
et parfois ne leur ont pas permis de se produire à

l'admiration de leurs semblables ; mais ils seraient morts plus misérablement encore s'ils
n'eussent point travaillé ; et si leurs contempo-
rains n'ont pas rendu à un Milton, à un Beetho-
ven, à un Greuze, à un Palissy, la justice qui leur
était due, la postérité, qui fait ses délices de leurs
œuvres, apprécie maintenant ces grands hommes
à leur juste valeur, et leurs noms sont devenus
impérissables. Aussi leurs descendants tiennent-
ils avec raison à grand honneur de tirer leur origine d'une source aussi illustre. On éprouve pour
eux un sentiment d'estime, j'oserai dire de véné-
ration, et les places d'honneur leur sont assurées
dans les cérémonies publiques ayant pour objet de
célébrer les mérites et de perpétuer la mémoire de
leurs devanciers ; comme si la postérité voulait
ainsi compenser pour ceux-ci, après leur mort,
l'abandon et l'oubli dont souvent ils ont gémi
pendant toute leur vie.

Je sais bien que parmi la race humaine il y a
beaucoup de conditions, où l'on n'a que bien juste
le temps et les moyens nécessaires pour nourrir
sa famille et élever ses enfants ; et encore il arrive trop souvent qu'un artisan, un ouvrier
va compromettre sa santé et dépenser au café ou
au cabaret un temps et un argent qui seraient bien
mieux employés ailleurs ; tandis qu'avec l'amour

du travail, la probité, l'ordre, l'économie, nous
avons vu de simples ouvriers parvenir à une for-
tune considérable, qui leur permet de faire le bien
sur une large échelle (1).

(1) Il y a vingt-sept ans, un jeune homme de dix-huit ans, du
nom de Savart, quittait le bourg de Saint-Michel (Aisne), son pays
natal, n'emportant pour tout bien que la bénédiction de son curé
et les bons conseils de son père. A force de persévérance, le jeune
homme amassa dans quelques années un petit pécule ; bientôt la
boule de neige se fit avalanche, et M. Savart, fabricant de chaus-
sures, vit sa maison de commerce prospérer. Aujourd'hui, l'enfant
de Saint-Michel, devenu plus que millionnaire, occupe 4,000 ouvriers à Paris et 1,000 à Saint-Michel dans la confection des chaus-
sures.

Au milieu du succès, M. Savart n'a pas oublié son pays natal et
son département. Il a acheté l'immense abbaye élevée par les
bénédictins au moyen-âge, et l'a transformée en un Orphelinat qui
ne contient pas moins de 500 jeunes filles, lesquelles, sous la di-
rection des sœurs de Saint-Vincent-de-Paul, y sont élevées jusqu'à
l'âge de 21 ans, y apprennent la comptabilité et le travail des chaus-
sures, et sortent de l'établissement, dotées par leur bienfaiteur
d'une somme qui varie de 1,000 à 1,200 francs.

Cet Orphelinat, qui est un véritable palais, et auquel se rattache
un parc d'un kilomètre de longueur, a été béni solennellement en
1867 par Mgr Dours, évêque du diocèse, accompagné d'un grand
nombre d'ecclésiastiques et, entre autres, du vénérable curé de
la paroisse Saint-Laurent, à Paris. A l'issue de la cérémonie, un
banquet de 100 couverts attendait les invités, au nombre desquels
figuraient un certain nombre de fabricants, de capitalistes et d'in-
dustriels, qui étaient venus de tous les points de la France, de
Paris, de Lisieux, de Lyon et de Marseille.

Au dessert, après les toasts qui ont été fort applaudis, M. Arthus, de
la maison Houët et Cᵒ, de Paris, a offert 200 fr., dont la rente serait
donnée, chaque année, à l'élève la plus méritante de l'Orphelinat,

Déjà, dans son annuaire de la noblesse de la Touraine, de l'Anjou, du Maine et du Poitou pour 1867, M. J.-X. Carré de Busserolle avait inséré une notice sur la famille de Tarade, avec un supplément dans l'annuaire de 1868 ; mais cette notice, quoique faite consciencieusement et avec un grand soin, était incomplète, faute d'éléments suffisants, et laissait ainsi beaucoup à désirer. Nous lui avons néanmoins fait des emprunts considérables, et il est juste de reconnaître que c'est l'ouvrage de M. de Busserolle qui a servi de base à celui-ci.

Dépositaire de la plus grande partie des archives de la famille, c'est à nous que ce travail incombait naturellement. Nous avons pu puiser dans les actes de naissance, de baptême, de décès, dans les brevets, lettres et autres matériaux de tout genre, les éléments qui nous étaient nécessaires.

Il faut dire que plusieurs membres de notre famille nous ont fourni avec empressement tous les détails qu'il était en leur pouvoir de nous donner

et tous les convives, accueillant avec empressement cette généreuse initiative, une somme de 1,029 fr. a été recueillie pour fonder ce prix, qui s'appelle : Prix de l'inauguration.

Ainsi, la bienfaisance a dignement couronné cette fête de charité.

Madame Alfred de Tarade et M. Gaston de
Tarade nous ont fourni un grand nombre de documents importants.

M. Arthur de Tarade, quoique demeurant à
Passy, et par conséquent fort loin de la Bibliothèque impériale, s'y est cependant transporté
plusieurs fois pour s'y livrer à de longues recherches, et il y a puisé plusieurs renseignements
précieux, indépendamment de ceux qu'il nous
avait donnés lui-même précédemment.

Nous nous sommes adressé à S. Exc. le ministre de la guerre, ainsi qu'à S. Exc. le ministre de
la marine, pour obtenir les copies authentiques
des extraits de services qui figurent à la fin de cet
ouvrage, et cela nous a permis d'ajouter à sa place
un des fils de Jacques de Tarade, dont l'existence
ne nous a été révélée que par la copie authentique
de son extrait de services.

Nous avons fait photographier tous les portraits
que nous avons pu nous procurer, de ceux des
membres de la famille ou des alliances, que la
mort a fait passer à l'état d'ancêtres. Nous avons
même fait reproduire quelques lignes de leur
écriture, désirant ne rien omettre de ce qui peut
se rattacher à ceux dont nous déplorons la perte.

Un document du plus haut intérêt nous a été
révélé par un hasard fort heureux. Il s'agit des Let-

tres de noblesse accordées à Jacques de Tarade, lettres que nous avions fait rechercher vainement, soit aux archives de l'Empire, soit dans celles de plusieurs villes de l'Alsace, où nous espérions en trouver le texte, quand une note qui nous fut donnée par M. le chevalier de Sailly, chef d'escadrons d'État-major, attaché à l'École d'application de Metz, et l'un de nos parents par alliance, nous mit sur la voie, et amena enfin la découverte de cette pièce, si importante pour nous, aux archives de l'Empire, où elle est transcrite *in extenso* dans les registres du Parlement de Paris (1). Sur notre

(1) Les circonstances qui ont amené cette découverte sont tellement extraordinaires, que nous ne pouvons nous empêcher de les relater ici. L'*Armorial général* de la Touraine, publié par la société archéologique du département d'Indre-et-Loire, tombe par hasard entre les mains de M. le chevalier de Sailly. Il y voit, à l'article concernant notre famille, et notre nom et l'indication de notre demeure. Aussitôt il nous écrit pour avoir des renseignements, notamment sur Marie-Catherine et sur Anne-Marguerite-Andrée de Tarade. Nous échangeons quelques lettres, et enfin M. de Sailly nous écrit un jour ce qui suit (nous copions textuellement) :

« Les lettres de noblesse délivrées en 1673 au Tarade devenu bri- « gadier des armées du Roi ne semblent pas avoir été enregistrées « de suite à la Cour des Aides de Paris ; car un feuillet du *Calpin* « (sic) miraculeusement sauvé par M. P. Lacroix (bibliophile Jacob) « de la bibliothèque de l'Arsenal, porte :

« 1687, 5 may, annoblissement pour le sieur Tarade, ingénieur. » « Cette date 5 may 1867 ne peut être que celle de l'enregistre- « ment des lettres patentes en Cour des Aides. »

C'est cette date qui, envoyée par nous aux Archives de l'Empire

demande, M. Alfred Maury, directeur général des
Archives, dont on ne saurait trop louer l'urbanité
et la complaisance, a bien voulu nous faire délivrer une copie authentique de ces lettres, qui oc-
cupent une place distinguée dans la présente notice.

S'il avait fallu relater tout ce qui est remarquable et digne d'éloges parmi les familles alliées à la
famille de Tarade, telles que celles de Ménardeau,
de Rotrou, etc., la présente notice aurait pris
des proportions considérables ; mais comme elle
est particulièrement destinée à la famille de Tarade, nous avons dû nous borner à citer les faits
les plus importants relatifs à ces alliances.

Feu François-Sébastien de Tarade, notre père,
de mémoire très-vénérée, avait aussi dressé une
généalogie de ses ascendants, généalogie dans
laquelle nous avons puisé de nombreux renseignements. Par un sentiment de justice et de respect,
nous croyons convenable de reproduire l'avertis-
sement dont François-Sébastien de Tarade avait
fait précéder cette généalogie (1).

a permis de nouvelles recherches, couronnées cette fois de succès.
Du reste, M. de Sailly nous a fourni beaucoup d'autres renseignements importants.

(1) « A soixante-seize ans, c'est une idée assez bizarre que celle de
chercher à jeter un regard rétrograde sur trois quarts de siècle ; il
semblerait qu'au peu de jours qu'il reste encore à vivre, selon les

Nous avons cru devoir mentionner dans ce travail les diverses descendances jusqu'à l'époque actuelle ; tout ce qui porte du sang de Tarade dans ses veines, transmis soit par les hommes, soit par les femmes, nous ayant semblé avoir droit à une place honorable dans cette notice, où nous avons

probabilités, plus encore, la loi de nature, on veuille ajouter le nombre de ceux écoulés et prolonger d'autant son existence.

« Le portrait est un moyen de survie à soi-même (*), soit qu'il se trouve commandé par l'égoïsme, l'amour-propre ou l'orgueil, ou qu'il soit sollicité par l'amour, la piété conjugale ou filiale ; dans tous les cas, le portrait, quelle que soit sa ressemblance, sa perfection, ne présente que la vue muette de l'original, et seulement ce qui lui a été particulier ; au lieu que dans les souvenirs d'un père, si mal exprimés qu'ils soient, les enfants, sans se perdre en recherches dans des papiers que souvent ils ne peuvent réunir, trouvent les renseignements sur leur famille, et, ce qui souvent leur importe le plus, sur le bien qui peut leur advenir, certains étant curieux d'avoir cette connaissance dernière avant le décès de ceux qui doivent le leur transmettre, et répétant sans cesse : « Si notre père « mourait, nous serions fort embarrassés, n'ayant aucune connais- « sance de ce que nous pourrons recueillir. »

« C'est particulièrement pour que les miens, sans le secours d'avoués et de procédures, dont je les engage à se garder soigneusement, puissent régler leurs droits et leurs intérêts, que j'obéis à l'idée qui, bien tardivement, s'est présentée à mon imagination.

« Pour arriver à parler des biens, il faut remonter à la source, et, pour cela, faire connaître ceux qui me les ont transmis, en traçant leur généalogie directe et, autant que possible, leurs alliances, dont le développement peut devenir assez intéressant, pour connaître quelques rapports avec diverses familles ; néanmoins je serai bref autant que possible. »

(*) L'auteur faisait alors le portrait de son respectable père.

fait entrer tous les noms qui, de près ou de loin, se rattachent à la famille de Tarade.

Nous avons fait graver, pour les joindre au texte, les armoiries des familles alliées à la nôtre, et indiqué, autant que possible, la source où ces armoiries ont été puisées.

Enfin, tel que nous avons pu l'exécuter, nous osons espérer que cet ouvrage sera bien accueilli, et c'est par cet espoir que notre zèle a été soutenu dans un travail considérable pour lequel, du reste, rien ne pouvait nous coûter, ni nous arrêter, puisqu'il s'agissait de l'érection de ce que l'on peut considérer comme un monument de famille.

TARADE (DE)

Écuyers, Seigneurs du Mesnel, de Marthemont et d'Autremont, comtes de Corbeilles (Champagne, Normandie, Isle-de-France, Touraine).

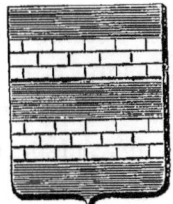

D'azur, à deux fasces d'argent, maçonnées de sable.

COURONNE : de comte.
SUPPORTS : deux lions.

Ces armes sont déclarées authentiques dans l'attestation sur parchemin, signée d'Hozier, qui se trouve aux archives du département du Loiret. (*Pièce cotée n° 1, à la fin de l'ouvrage*).

Nous trouvons dans le manuscrit de d'Hozier, Paris, tome III, page 227, cette mention : « Jean-

3

Odile Tarade, conseiller au Châtelet, porte : *d'azur à deux fasces d'argent, maçonnées de sable.* »

Ces armes sont gravées au bas d'un portrait de Jacques de Tarade, par Seüpel, placé en tête de l'un des ouvrages dudit Jacques de Tarade, intitulé : *Dessins de toutes les parties de l'église de Saint-Pierre de Rome,* portrait reproduit dans cette notice.

Dubuisson, dans son *Armorial* des principales maisons et familles du royaume (t. II, p. 104), a commis une erreur en n'indiquant qu'une seule fasce maçonnée de sable dans les armes de cette maison.

La famille de TARADE, originaire de la Normandie ou de la Champagne, a rendu des services distingués dans la carrière des armes, dans celle de la magistrature, dans les sciences et dans les lettres. Elle compte dans sa filiation un brigadier des armées du roi, directeur des fortifications de l'Alsace, un contre-amiral (au service de la Russie), précédemment capitaine de vaisseau en France; — des ingénieurs du roi; — un conseiller secrétaire du roi en la chancellerie du Parlement de Metz; — un doyen des conseillers du roi au Châtelet de Paris; — sept chevaliers de l'Ordre royal et militaire de St-Louis; — des chevaliers des ordres de St-Lazare et de Notre-Dame du Mont-Carmel; — un chevalier de la Légion d'honneur; — un officier de l'Ordre impérial de Notre-Dame de Guadalupe; — un chevalier du même ordre, et de l'Ordre royal et militaire de

Christ, de Portugal; — un décoré de la Médaille royale de Suède *Litteris et artibus*, etc...:

Elle a contracté de très-belles alliances, notamment avec les familles de Villedot des Forges, Martin de Moncelot et du Chesneau, de Billy, de Savoisy, Dubois de Crancé, Dubois de Chantrenne, Guyot des Granges, de Lavier de la Caüle, du Portal, Dupont du Vivier, de Malestros de Quemarra, Giraud des Écherolles, de Cappy, de Lavenier, Eermans, baron de Beaufort, des comtes de Ménardeau, de Rotrou, Cœur de l'Etang, de Varieux, de Vilhardin de Marcellange, etc....

Parmi les preuves de noblesse de la famille de Tarade, on remarque :

1° Les lettres de noblesse accordées en janvier 1683, à Jacques de Tarade, écuyer, brigadier des armées du roi, major de la ville de Dôle, directeur des fortifications de l'Alsace, chevalier de l'Ordre royal et militaire de St-Louis, etc., pour ses travaux et sa belle défense de Charleroi sous le comte de Montal, en 1671 (*Pièce cotée n° 2*) (1).

2° Un certificat délivré, pour le service militaire, le 5 mars 1782, par Bernard Chérin, généalogiste des Ordres de St-Michel, du St-Esprit et de St-Lazare, commissaire du roi pour certifier à Sa Majesté la noblesse des aspirants aux charges de sous-lieutenants, etc.

On sait que, par son ordonnance du 22 mai 1781,

(1) Archives de la famille de Tarade.

le roi Louis XVI imposait aux sujets qui seraient proposés pour être nommés à des sous-lieutenances dans les régiments d'infanterie française, de cavalerie, de chevau-légers, de dragons et de chasseurs à cheval, l'obligation de faire les mêmes preuves que celles qui étaient exigées des aspirants présentés pour l'École royale militaire (1), c'est-à-dire des preuves de noblesse de quatre degrés (Édit de janvier 1751 et Déclaration du roi du 24 août 1760).

Les preuves requises furent faites, en 1782, par François-Sébastien de Tarade, qui reçut de Bernard Chérin un certificat authentique (*Pièce cotée n° 3*) (2).

On trouve, à ce sujet, aux archives du département du Loiret, une note que nous reproduisons (*Pièce cotée n° 4*).

Le même certificat est ainsi mentionné : « Tarade (Châlons-sur-Marne et Péronne), 5 mars 1782, Chérin, » dans le *Catalogue des certificats de noblesse, délivrés par Chérin, pour le service militaire* (1781-1789), publié par MM. Louis de la Roque et Édouard de Barthélemy, page 32 ;

3° La mention d'un membre de la famille : « *de Tarade, Sgr de Corbeilles*, » dans la liste des gentilshommes du bailliage de Nemours (Isle-de-France), appelés à prendre part à l'Assemblée de la

_____

(1) *Abrégé chronologique d'Édits, déclarations, règlements, etc...* concernant le fait de noblesse, par Chérin, — Voir le Dictionnaire héraldique de M. Ch. Grandmaison, page 1043.

(2) Cette pièce existe, en original, dans les archives de la famille de Tarade.

noblesse pour l'élection des députés aux États-Généraux de 1789, et contre lesquels le vicomte de
Noailles, grand-bailli d'épée du bailliage de Nemours donna défaut. Ce représentant de la famille
est indiqué, mais sans les prénoms, à la page 101
du *Catalogue des gentilshommes de l'Isle-de-
France, Soissonnais, Valois, Vermandois* (États-
Généraux de 1789), publié par MM. Louis de la
Roque et Édouard de Barthélemy;

4° La comparution de Jean-Baptiste-Odile de
Tarade à l'Assemblée électorale de la noblesse du
bailliage de Châlons-sur-Marne (Champagne), en
1789. Ce personnage est mentionné ainsi qu'il suit à
la page 9 du *Catalogue des gentilshommes de
Champagne*, publié par MM. Louis de la Roque et
Édouard de Barthélemy : « *J.-B.-Odile de Tarade,
chevalier de St-Louis, chef d'escadron au régiment Royal-Piémont.* »

Avant l'époque à laquelle fut délivré le certificat
de noblesse dont nous avons parlé plus haut, la qualification d'*écuyer* était attribuée, dans des actes authentiques, aux divers membres de la maison de
Tarade. Voici une liste de documents qui existent soit
en original, soit en expédition régulière dans les archives de la famille et où se trouve cette qualification :

Janvier 1683. — Lettres de noblesse accordées à
Jacques de Tarade, où il est dit que lui et ses descendants pourront prendre le titre d'*écuyers* et de
gentilshommes (*Pièce cotée n° 2*).

22 juillet 1714. — Acte de baptême de Odile-Sébastien, fils de Sébastien Tarade, *écuyer*, ci-devant officier de dragons (*Pièce cotée n° 5*) (1).

1ᵉʳ mai 1719. — Acte de décès d'Odile de Tarade, *écuyer*, conseiller du roi, qui fut inhumé en présence de Jean-Odile de Tarade, *écuyer*, conseiller du roi au Châtelet, et de Sébastien de Tarade, *écuyer*, ancien officier de dragons (*Pièce cotée n° 6*) (2).

1ᵉʳ février 1727. — Sentence de nomination d'une tutrice et d'un subrogé-tuteur pour les enfants mineurs de Sébastien de Tarade, *écuyer*. Cette qualification y est également donnée à Jacques-Gabriel de Tarade, chevalier de l'Ordre de Notre-Dame du Mont-Carmel, gentilhomme ordinaire du roi (*Pièce cotée n° 7*) (3).

9 mai 1750. — Acte de décès d'Anne-Catherine des Janots, veuve de Sébastien de Tarade, *écuyer*, capitaine de dragons. L'inhumation eut lieu en présence d'Odile-Sébastien de Tarade, *écuyer*, et de Jacques-François de Tarade, *écuyer*, ancien capitaine au régiment de Piémont (*Pièce cotée n° 8*) (4).

20 janvier 1759. — Contrat de mariage d'Odile-Sébastien de Tarade, *écuyer*, chevalier de l'Ordre royal et militaire de Saint-Louis, ingénieur en chef pour le roi à Péronne, ci-devant capitaine en pied du corps royal d'artillerie et du génie à l'armée du

(1) Archives de la famille de Tarade. — (2) *Idem.* — (3) *Idem.*— (4) *Idem.*

Rhin, et de Nicole Dubois, damoiselle de Jonchery ; ledit contrat passé devant maîtres Sordet et Laurent, notaires à Châlons-sur-Marne (1).

6 février 1759. — Acte de célébration du mariage d'Odile-Sébastien de Tarade, *écuyer*, et de Nicole Dubois (*Pièce cotée n° 9*) (2).

24 mai 1762. — Acte de baptême de François-Sébastien de Tarade, fils de Messire Odile de Tarade, *écuyer*, et de Nicole Dubois. Le parrain fut Messire Jacques-François de Tarade, *écuyer*, ancien capitaine au régiment de Piémont (*Pièce cotée n° 10*) (3).

La qualification d'*écuyer* se retrouve encore dans d'autres actes postérieurs à 1762, qu'il nous paraît inutile de mentionner ici.

A la date du 24 août 1858, Gilbert-Philippe-Émile de Tarade, ancien officier de cavalerie, résidant au château de Belleroche, près Amboise (Indre-et-Loire), présenta au tribunal civil de première instance de l'arrondissement de Péronne (Somme) une requête dans laquelle il exposait :

Que, contrairement à la vérité, l'acte de naissance de François-Sébastien *Tarade*, son père, en date, à Péronne, du 24 mai 1762, ne portait pas avant son nom de famille la particule distinctive nobiliaire qui lui appartient et se trouve dans les actes d'état-civil de ses aïeux ;

Que, par suite d'une erreur résultant de la pre-

(1) Archives de la famille de Tarade. — (2) *Idem*. — (3) *Idem*.

mière, son propre acte de naissance ne portait pas avant son nom de famille cette même particule;

Que cette omission s'expliquait par la date de cet acte de naissance, du 2 messidor an VIII de la République (21 juin 1800), à cette époque les distinctions nobiliaires étant supprimées.

A l'appui de sa requête, M. de Tarade produisit un certain nombre de pièces justificatives, et, le 15 septembre 1858, le tribunal rendit un jugement qui ordonnait que :

L'acte de naissance de François-Sébastien Tarade, inscrit sur les registres de la ville de Péronne, le vingt-quatre mai dix-sept cent soixante-deux, et celui de Gilbert-Philippe-Émile Tarade, inscrit sur les registres de la ville de Moulins, le deux messidor an VIII, seront rectifiés par l'addition de la particule *de* placée avant le nom Tarade, que le présent jugement sera transcrit en entier sur les registres aux actes de naissances de la ville de Péronne et de la ville de Moulins, pour la présente année, et que mention en sera faite tant en marge des deux actes rectifiés qu'en marge de tous autres actes ou l'erreur dont s'agit aura été commise et fait défense à tous dépositaires de délivrer aucun extrait ou expédition desdits actes sans la mention dont s'agit.

(Voir le dispositif de ce jugement, *Pièce cotée n° 11*) (1).

Nous trouvons, à une époque assez reculée, trois personnages du nom de Tarade que l'état de nos recherches ne nous permet pas de relier, quant à présent, d'une manière certaine à la filiation suivie de la famille que nous allons établir.

(1) Archives de la famille de Tarade.

Le premier de ces personnages est Jean Tarade qui figure dans une pièce de 1473, sur parchemin, qui se trouvait, en 1788, entre les mains de MM. Senault, Seigneurs de la Barette, conseillers à la Cour Souveraine de Hainault, résidant à Mons (Belgique); aujourd'hui il appartient à Mme veuve marquise de la Barette.

Un autre Jean ou Jehan TARADE, né vers 1510, est mentionné avec son fils dans l'histoire généalogique de la maison de Mollan (manuscrit de Guy Allard), à l'article de Jan-Guil, sire de Mollan, Seigneur de la Nefville.

On trouve encore un Jean TARADE, né vers 1560, marié en 1588 à Alice-Berthe d'Enaud, fille de Jean-Joseph d'Enaud, chevalier, vicomte de Fay, seigneur des Roches et autres lieux, et de Catherine-Isnard de Malevande, fille de Guy-Martin-Isnard de Malevande, écuyer, Seigneur du Vieux-Manoir et de Darnétal.

Le 15 septembre 1588, Jean Tarade donna le reçu de la dot de sa femme *(Pièce cotée n° 12).*

Cette pièce est indiquée à la table des archives de la maison de Clermont-Tonnerre. Elle appartient aujourd'hui à M. Belge, allié à la famille d'Enaud.

D'Enaud

*Parti; au 1 de gueules, au griffon d'or langué d'argent; au 2
d'azur, à deux chevrons d'or; et sur le tout, en pal, deux cou-
leuvres de sinople, œillées de gueules et dardant de leur dard, de
gueules, une fleur de lis d'or en chef* (1).

D'Enaud,

Capitaine-pennon de la côte de Saint-Sébastien, de Lyon.

*D'azur à un soleil d'or, coupé de gueules, au pal d'or, accosté
de quatre étoiles du même, deux de chaque côté et l'une au-dessus
de l'autre.*

La maison de Malevande, à laquelle appartenait

(1) D'Hozier, *Généralité d'Aix*, t. I, page 136.

Catherine-Isnard de Malevande, femme de Jean-Joseph d'Enaud, et mère d'Alice, mariée à Jean Tarade, est originaire de Burgos (Espagne). Martin de Malevande vint s'établir à Rouen, et y mourut en 1538. Il fut enterré dans l'église de Saint-Étienne-des-Tonneliers, où l'on voyait sa tombe et ses armes.

De Malevande

De gueules, à une fleur de lis d'or (1).

Filiation suivie de la famille de Tarade.

§ 1ᵉʳ — Première branche.

1ᵉʳ — Tarade (Jean), né vers 1596, mestre général des voies et bâtiments du roi, épousa Marguerite de Villedot des Forges.

Les Villedot étaient des gens considérables dans les bâtiments (comme on disait alors), sous Colbert,

(1) Saint-Allais, VI, 252.

leur grand protecteur. Ils possédaient des terrains immenses à la butte des moulins. C'est de cette famille que la rue Villedot, à Paris, a pris son nom.

VILLEDOT

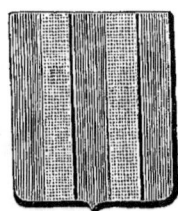

De gueules à deux pals d'or (1).

On trouve dans cette famille :

Michel de Villedot, conseiller et secrétaire du roi; Guillaume de Villedot, écuyer, Seigneur de Clichy, général des bâtiments de S. M. (Ponts et Chaussées de France, 1674), marié à Marie Hardouin, fille du receveur des rentes de l'Élection de Sarlat; François de Villedot, écuyer, Seigneur de Clermont, juge et garde de la juridiction royale établie au Palais à Paris, pour le fait de la police des édifices et bâtiments qui se construisent en cette ville de Paris, fauxbourgs et banlieue, prévôté et vicomté d'icelle (1675), etc.

(1) D'Hozier, Généralité de Paris, tome ll, p. 505. Déclaration personnelle par Marguerite de Villedot de ses armes de fille.

HARDOUIN

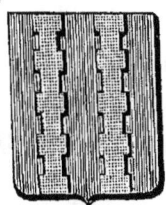

De gueules, à deux pals bretessés d'or (1).

Un des membres de cette famille de Villedot, Jean de Villedot, écuyer, Seigneur de Beaujeu, prit part, en qualité de parent des de Tarade, à la nomination d'Anne-Catherine Desjanots, comme tutrice, et de Jacques-Gabriel de Tarade, comme tuteur des enfants mineurs de Sébastien de Tarade, en 1727, ainsi qu'il résulte d'un acte passé à Paris le premier jour de février de cette année et dont nous donnerons le texte en la pièce cotée n° 7.

De son mariage avec Marguerite de Villedot des Forges, Jean de Tarade eut trois enfants :

1° Odile de Tarade qui suit;

2° Jacques de Tarade, auteur d'une branche, dont il sera parlé au § III;

3° Marguerite de Tarade qui épousa, en premières noces, le 29 juin 1658, Jean Hanicle, architecte, en-

(1) D'Hozier, Manuscrit, Toulouse, p. 576.

trepreneur des bâtiments du roi, fils de Pierre Hanicle et de Hélène Colin.

« Marguerite de Tarade, veuve de Jean Hanicle,
« architecte et entrepreneur des bâtiments du Roy,
« a présenté et justifié du blasonné qui suit : »

HANICLE

D'argent au lion de gueules (1).

Ce sont donc bien là les armes de la famille Hanicle, puisque les armes de Marguerite de Tarade étaient celles de sa propre famille.

Trois enfants sont issus de ce mariage :

A. — Marguerite Hanicle, mariée à Joseph Martin, commandeur de l'Ordre de Notre-Dame du Mont-Carmel, et de St-Jean de Jérusalem, chevalier de l'ordre royal et militaire de St-Louis, brigadier des armées du roi, fils d'Honoré Martin, capitaine de vaisseau;

B. — Michel Hanicle;

(1) D'Hozier, Manuscrit, Paris, tome 1er, page 274.

C. — André Hanicle.

Marguerite Hanicle épousa Joseph Martin de Moncelot, ancien directeur des galiotes du roi, brigadier des armées du roi et chevalier de l'Ordre royal et militaire de Saint-Louis.

De cette alliance sont nés :

A. — Antoine Martin de Moncelot, commandant des galiotes du roi, chevalier de l'ordre royal et militaire de Saint-Louis.

B. — André-Dominique Martin de Moncelot, capitaine au régiment de Piémont, chevalier de l'Ordre de Notre-Dame du Mont-Carmel ;

C. — Jean-Odile Martin du Chesneau, capitaine au régiment de Piémont, chevalier de l'Ordre de Saint-Lazare ;

MARTIN,

Seigneurs du Chesneau ;

De gueules, à un alcion d'argent flottant sur une mer d'azur (1).

(1) Dubuisson, Armorial des principales maisons et familles du royaume, tome II, page 11).

D. — Marguerite Martin, mariée, en 1714, à Florent-Jean de Vallières, grand de Castille, commandeur de l'Ordre royal et militaire de Saint-Louis, maréchal des camps et armées du roi, gouverneur de Berghes. — De ce mariage sont issus ; 1° Joseph-Florent de Vallières, lieutenant général des armées du roi, commandant de l'artillerie de France, et gouverneur de Berghes (mort en 1758), marié à N. du Bouchet de Sourches ; 2° N. de Vallières, inspecteur de cavalerie, commandant la légion royale, gouverneur des colonies françaises, Martinique et Guadeloupe, et N. de Vallières, mariée à N. Penot de Tournières, gentilhomme de la chambre du roi.

DE VALLIÈRES

D'azur à trois têtes de léopard d'or, 2 et 1.

Du Bouchet de Sourches

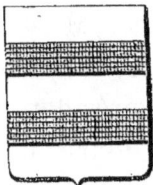

D'argent, à deux fasces de sable (1).

Penot de Tournières

D'azur, au mouton d'argent, sur une terrasse de sinople, accompagné en chef de deux croissants d'argent (2).

En secondes noces, Marguerite de Tarade épousa Antoine Picon, marquis d'Andrezel, conseiller d'É-tat, dont elle eut deux enfants mâles :

---

(1) *Recueil d'armoiries des maisons nobles de France*, par H. Gourdon de Genouillac, page 77.
(2) *Armorial des principales maisons et familles du royaume*, par Dubuisson, tome II, page 46.

4

A. — Le premier fut ambassadeur de France à Constantinople, et épousa damoiselle de Bassompierre, de la cour de Lorraine ;

B. — Le deuxième, qui mourut garçon, était gentilhomme de la chambre du roi.

En troisièmes noces, Marguerite de Tarade épousa le comte de Polastre, seigneur de Nogaret, conseiller du roi en 1669, président au présidial de Castelnaudary, commandeur et procureur-général de l'Ordre du Saint-Esprit.

La famille de Bassompierre, famille illustre, comptait dans son sein des chevaliers de l'Ordre de la Toison d'or, dont était membre François de Bassompierre, maréchal de France, colonel général des Suisses.

PICON D'ANDREZEL

D'azur, au gantelet d'argent, le poing fermé, tenant une piqu afustée d'or et le fer d'argent, au chef de gueules, chargé de tro couronnes d'or (1).

(1) D'Hozier, Paris, vol. II, page 505.

DE BASSOMPIERRE

D'argent, au chevron de trois pièces, de gueules.

POLASTRE

D'argent, à un lion de sable, lampassé de gueules.

Marguerite de Villedot des Forges, veuve de Jean Tarade, épousa en secondes noces Antoine Bergeron de la Goupillière, conseiller du roi en ses conseils, mestre général des bâtiments du roi et des ponts-et-chaussées de France, ci-devant intendant, qui, plus tard, épousa lui-même en secondes noces Marianne Scaron, et mourut en 1681.

BERGERON

D'azur, à un lion d'or à une bande bretessée et contre-bretessée d'or (1).

II*. — TARADE (Odile de), écuyer, seigneur du Mesnel, né en 1636, remplit les fonctions d'architecte, entrepreneur des bâtiments du roi, et fut ensuite pourvu de la charge de conseiller, secrétaire du roi, maison, couronne de France, en la chancellerie du parlement de Metz.

Cette dernière qualité, ainsi que celle d'écuyer, lui sont données dans un jugement de partage rendu au Châtelet de Paris, le 11 septembre 1661. Une expédition de ce jugement se trouve dans les archives de la famille de Tarade.

Odile de Tarade mourut à Paris, le 31 avril 1719. Il fut inhumé dans le caveau de la chapelle de la Sainte-Vierge de l'église Saint-Roch. (*Extrait des registres de l'état civil de la paroisse Saint-Roch,*

(1) D'Hozier, Manuscrit, Paris, tome III, page 1090.

délivré le 22 juin 1769, signé : DE STENAY, *dont la signature est visée par Christophe de Beaumont, archevêque de Paris, à la date du 30 du même mois. (Pièce cotée n° 6) (1).*

Odile de Tarade avait épousé, le 20 février 1667, Marie Bon de Billy, sœur de N. Bon de Billy, ancien capitaine au régiment des Vaisseaux, ingénieur en chef de la citadelle de Strasbourg, chevalier de l'Ordre royal et militaire de Saint-Louis, laquelle mourut le 6 novembre 1710.

BON DE BILLY.

D'or, à la bande d'azur, chargée de deux étoiles d'argent et empoignée d'une patte de lion, de sable, mouvante du flanc dextre de l'écu.

Du mariage d'Odile de Tarade et de Marie Bon de Billy, sont issus :

1° Jean-Luc-Odile de Tarade, écuyer, conseiller du roi au Châtelet, né en 1670. Il est mentioné avec ses qualités d'écuyer et de conseiller du roi au Châ-

(1) Archives de la famille de Tarade.

telet dans l'acte de décès de son père, Odile de Tarade, dont nous avons parlé plus haut. La même qualité de conseiller du roi au Châtelet lui est donnée dans l'acte de nomination de la tutrice et du subrogé-tuteur des enfants mineurs de Sébastien de Tarade, passé à Paris le 1ᵉʳ février 1727, et dont une expédition est conservée dans les archives de la famille (*Pièce cotée n° 7*).

Le 13 février 1714, Jean-Luc-Odile de Tarade épousa Marie-Catherine Le Gaigneur de Sénonville, fille de Messire Pierre-Germain Le Gaigneur de Sénonville, seigneur de Sénonville, chevalier des Ordres de Saint-Louis et de Notre-Dame du Mont-Carmel (1).

Deux enfants sont issus de ce mariage :

A. — Anne-Catherine de Tarade, née le 7 juillet 1715, et décédée en avril 1760, sans avoir été mariée.

B. — François-Gabriel de Tarade, écuyer, comte de Corbeilles, seigneur du Mesnel, né le 19 novembre 1717. Il fut mousquetaire noir, puis aide-major dans le régiment de Berry-cavalerie, lieutenant-colonel du régiment d'Artois-cavalerie, gouverneur des villes et châteaux de Montdidier et de Péronne, et chevalier de l'Ordre royal et militaire de Saint-Louis.

Voir son état de services authentique délivré par S. E. le Ministre de la guerre (*Pièce cotée A, à la*

(1) Voir Ducos, faisant suite à Saint-Allais, et l'atlas in-folio de Chevillard.

fin du volume), et le brevet de sa provision de gouverneur de Montdidier, Péronne, etc. (*Pièce cotée
n° 13*).

Il épousa en premières noces Laure de Savoisy,
veuve comtesse de Saint-Phal, et en secondes noces
(après 1744), Élisa de Savary, veuve vicomtesse de
Gréaulme.

SAVOISY.

De gueules, à trois chevrons d'or, à la bordure engrêlée d'azur (1).

SAINT-PHAL, en Champagne.

D'or ou d'argent, à la croix ancrée, de sinople (2).

(1) *Dictionnaire héraldique*, par Ch. Grandmaison, p. 178.
(2) *Dictionnaire de la Noblesse et du Blason*, par Jouffroy d'Es-
chavannes, p. 379.

De Gréaulme (branche aînée).

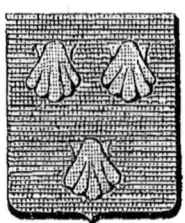

De sable, à trois coquilles d'or (1).

François-Gabriel de Tarade mourut le 23 février
1787. (Voir son extrait mortuaire, *en la pièce cotée*
n° 14.)

Il ne laissa pas d'enfants, et institua pour son lé-
gataire universel Louis-Nicolas de Tarade, un des
fils d'Odile-Sébastien de Tarade et dont il sera parlé
plus loin.

Jean-Odile de Tarade, père de François-Gabriel et
de Anne-Marguerite de Tarade, est mort le 7 janvier
1759, doyen des conseillers du roi au Châtelet de
Paris. Il remplissait les fonctions de conseiller à ce
siége depuis 1695 (2).

Ces cendres et celles de Marie-Catherine Le Gaigneur de Sénonville, sa femme, reposent dans le

(1) *Dictionnaire des familles de l'ancien Poitou*, par H. Filleau,
publié par H. Beauchet-Filleau et Ch. de Chergé, tome II, p. 178.
(2) *Almanach royal* de 1759, page 254.

caveau de la chapelle de la Sainte-Vierge, en l'église Saint-Roch, à Paris.

Marie-Catherine Le Gaigneur était décédée le 17 septembre 1755.

2° Sébastien de Tarade, qui continua la descendance et dont nons allons parler.

IIIe. — TARADE (Sébastien de), écuyer, seigneur de Marthemont, né le 1er décembre 1675, reçut les cérémonies du baptême le 31 du même mois dans l'église Saint-Roch, à Paris.

Il eut pour parrain l'illustre VAUBAN (Sébastien LE PRESTRE, seigneur de Vauban), alors gouverneur pour le roi en la citadelle de Lille, directeur général des fortifications de France; — et pour marraine, Marguerite de Tarade, femme de Jean Hanicle, architecte et entrepreneur des bâtiments du roi.

LE PRESTRE DE VAUBAN, en Nivernais [1].

D'azur, au chevron d'or, surmonté d'un croissant d'argent, accompagné de trois trèfles d'or, 2 et 1 (2).

Voir en la pièce cotée n° 15 le texte de l'acte de baptême de Sébastien de Tarade, d'après un extrait authentique délivré à la date du 21 janvier 1690 et qui est conservé dans les archives de la famille de Tarade.

A la date du 18 mai 1702, le roi Louis XIV accorda à Sébastien de Tarade le brevet de cornette dans la compagnie de Danton, au régiment de dra-

---

(1) « Sébastien le Prêtre, *alias* le Prestre de Vauban, maison originaire de Bourgogne, qui a donné, dans la branche cadette, un maréchal de France. Seigneurs de Vauban, comtes de Vauban, chevaliers de Vauban. L'illustre maréchal était né le 1er mai 1633. » (*Dictionnaire généalogique, héraldique, etc., contenant l'origine et l'état actuel des premières maisons de France*, etc. Paris, Duchesne, libraire, rue St-Jacques, au temple du goût. MDCCLVII, pages 75 et 76).

(2) Même ouvrage, et *Armorial universel* de Curmer, Paris, MDCCCXLIV (dans l'ordre alphabétique).

gons de Fonbeauzard. Voici, *en la pièce cotée n° 16*, le texte de ce brevet dont l'original, sur parchemin, existe dans les archives de la famille.

Sébastien de Tarade fut ensuite capitaine de dragons et servit dans les guerres de Bavière.

Il mourut à Paris, le 26 janvier 1727, des suites des blessures qu'il avait reçues dans ces guerres, et fut inhumé dans le caveau de la chapelle de la Sainte-Vierge, en l'église Saint-Roch. Voir, *en la pièce cotée n° 17*, le texte de son acte de décès, d'après un extrait authentique conservé par la famille.

Le 19 juillet 1711, Sébastien de Tarade avait épousé Anne-Catherine des Janots, dame de Marthemont, née vers 1682, fille de Jean-François des Janots, seigneur de Marthemont, ancien capitaine au régiment de Senoncourt, et de N. Henry (Cette dernière famille s'est alliée aux maisons de Pralmayoux et de Guichard).

Des Janots.

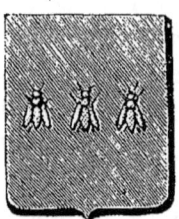

De Sinople, à trois abeilles d'or, posées en fasce (1).

De ce mariage sont issus :

1° Odile-Sébastien de Tarade, qui suit ;

2° Jacques-François de Tarade, écuyer, seigneur de Marthemont, né le 26 septembre 1716, capitaine au régiment de Piémont-infanterie.

Il prit part au siége de Fribourg et quitta le service après avoir fait toutes les campagnes de Bohême. Une copie authentique de ses états de services, émanée du ministère de la guerre, se trouve dans la pièce cotée lettre B.

Il avait eu pour parrain Jacques de Tarade, son grand-oncle, et pour marraine Anne-Catherine de Fonvailles, cousine de sa mère. Il mourut sans avoir été marié, le 3 octobre 1768, et fut inhumé dans le caveau de l'église Saint-Nicolas-des-Champs, à Paris, ainsi qu'il résulte d'un extrait authentique

(1) *État de la France*, par Tribouillet, conseiller historiographe du Roy (Louis XIII).

de son acte de décès, dont le texte se trouve dans la pièce cotée n° 18.

3° Jérôme-Sébastien de Tarade, né le 1ᵉʳ octobre 1721, prêtre du diocèse de Paris, chanoine régulier d'Épernay, décédé le 15 juillet 1787. Il avait eu pour parrain Jérôme de Guichardy, son oncle maternel, et pour marraine Marguerite Hanicle, femme de Joseph Martin, brigadier des armées du roi, et cousin germain de Sébastien de Tarade, père de Jérôme-Sébastien.

4° Marie-Catherine de Tarade, née le 12 avril 1719. Elle épousa, en premières noces, le 31 août 1744, Jacques de la Villette de Belfayi, contrôleur ancien et alternatif des trésoriers-généraux des maréchaussées de France.

Jacques de la Villette de Belfayi avait été pourvu de cette charge en 1740 (1). Il mourut en juillet 1750.

(1) *Almanach royal* de 1749, page 347.

De la Villette de Belfayi.

D'azur au lion d'or (1).

En secondes noces, Marie-Catherine de Tarade épousa, le 20 juillet 1751, Germain Dubois de Crancé, écuyer, seigneur de Loisy, chevalier de l'Ordre royal et militaire de Saint-Louis, ancien officier de la garde des Cent-Suisses, écuyer honoraire de main de Madame la Dauphine, gouverneur et commandant pour le roi de la ville de Châlons, fils de Germain Dubois, écuyer, seigneur de Crancé, commissaire provincial des guerres, en Champagne, conseiller du roi d'honneur au bailliage et siége présidial de Châlons, et de Madeleine de Parvillez, issue d'une ancienne famille de Châlons (2).

(1) Dictionnaire de Jacques Chevillard.
(2) Le contrat de mariage entre Germain Dubois et Madeleine de Parvillez est daté du château de la Gravelle, du 20 janvier 1770. Il est signé Grenet, notaire au comté de Vertus, résidant à Etoges. Ce contrat a été insinué à Châlons-sur-Marne, le 7 août 1775.

De Parvillez.

D'azur, au lion d'or soutenu de trois croissants d'argent, au chef du même, chargé de trois étoiles de gueules (1).

Le mariage de Marie-Catherine de Tarade et de Germain Dubois de Crancé eut lieu dans l'église St-Roch, à Paris, et fut célébré par Jérôme-Sébastien de Tarade, frère de l'épouse. C'est ce qui résulte d'un extrait authentique des registres de la paroisse Saint-Roch, délivré le 30 décembre 1778, et qui se trouve dans les archives de la famille. Voir le texte de cette pièce (n° 19).

Marie-Catherine de Tarade mourut le 14 avril 1769, et Germain Dubois de Crancé, son second mari, le 2 juin 1775.

Marie-Catherine de Tarade avait eu pour parrain Joseph Martin, brigadier des armées du roi, et

(1) *Armorial de France*, dressé en exécution de l'édit de novembre 1696; généralité de Champagne. — Châlons $\frac{10}{X}$ (Bibliothèque impériale).

pour marraine Marie-Catherine Le Gaigneur, femme
de Jean-Odile de Tarade.

Anne-Catherine des Janots, devenue veuve de
Sébastien de Tarade, fut nommée tutrice de ses enfants mineurs par sentence du 1ᵉʳ février 1727. Par
le même acte, Jacques-Gabriel de Tarade, écuyer,
chevalier de l'Ordre de Notre-Dame-du-Mont-Carmel,
gentilhomme ordinaire du roi, fut nommé subrogé-
tuteur de ces enfants. Voir le texte de la sentence
de nomination, qui est conservée dans les archives
de la famille (*Pièce cotée n° 7*).

Anne-Catherine des Janots, veuve de Sébastien de
Tarade, mourut le 8 mai 1750, âgée de soixante-huit
ans environ, et fut inhumée dans le caveau de la
chapelle de la Sainte-Vierge, en l'église Saint-Roch,
à Paris. Voir le texte d'un extrait authentique de
son acte de décès, qui est également conservé dans
les archives de la famille (*Pièce cotée n° 8*).

IV° — Tarade (Odile-Sébastien de), écuyer, na-
quit à Paris le 20 juillet 1714, ainsi qu'il résulte de
l'extrait authentique des registres de la paroisse
Saint-Roch, à Paris (*Pièce cotée n° 5*).

Pourvu de la charge d'ingénieur du roi le 1ᵉʳ
janvier 1735, Odile-Sébastien de Tarade fut nommé
dix ans après, capitaine réformé à la suite du régiment d'infanterie de Forest. Voir, dans les pièces
cotées nᵒˢ 20 et 21, le texte de sa commission et de
la lettre ministérielle qui l'informait de sa promo-

tion. Ces deux pièces existent en original dans les archives de la famille.

Plus tard, Odile-Sébastien de Tarade fut nommé chevalier de l'Ordre royal et militaire de Saint-Louis, ingénieur en chef pour le roi, major au corps royal du génie, et élu conseiller notable de l'hôtel-de-ville de Châlons. Voir l'extrait authentique de son état de services, délivré par S. E. le Ministre de la guerre (*Pièce cotée lettre C*). Il prit sa retraite après quarante-deux ans de service et mourut le 12 avril 1785, ainsi que le constate son acte de décès dont la teneur suit (*Pièce cotée n° 22*).

Une note qui se trouve au cabinet des titres de la bibliothèque impériale est ainsi conçue :

Tarade, grand musicien (1), *à Paris*, 1758, *frère de Mme de Loisy, épousa, en 1759, Mlle du Bois de Cherlevent, nièce de Loisy.*

Il s'agit, sans aucun doute, dans cette note, d'Odile-Sébastien de Tarade, qui était frère, en effet, de Marie-Catherine de Tarade, femme de Germain Dubois de Crancé, seigneur de *Loisy*, et qui fut marié, ainsi qu'on va le voir, à Nicole Dubois de *Chantrenne* (et non de *Charlevent*, comme le dit par erreur la note ci-dessus), nièce de Marie-Catherine de Tarade et de Germain Dubois de Crancé de Loisy.

Suivant contrat passé à Châlons-sur-Marne, le

(1) La musique a été cultivée avec succès par presque tous les membres de la famille de Tarade.

20 janvier 1759, devant Sordet et Laurent, notaire
(expédition signée Fortier, notaire, et son col
lègue, laquelle est aux mains de la famille), Odile
Sébastien de Tarade épousa Nicole Dubois d
Chantrenne, damoiselle de Jonchery, fille de Jean
Baptiste Dubois, écuyer, seigneur de Chantrenne
de Jonchery-sur-Suippes, de Bourquenay, de Che
vigny, de Saint-Marc-le-Roussy, etc., conseiller ho
noraire aux bailliage et siége présidial de Châlons
et de Marie-Élisabeth Raulet. Celle-ci, dame de Che
vigny et Saint-Marc, était fille de Joachim Raulet
seigneur de Corbrande et de Dame Élisabeth Cousin

RAULET

D'azur, au lis au naturel; au chef d'or chargé de trois tours
gueules (1).

Nicole Dubois de Chantrenne était née à Châlons
le 17 novembre 1735, ainsi que le constate un ex
trait des registres de baptême de cette ville (paroiss
Notre-Dame) délivré en 1828, et qui fait partie de

(1) *Archives de la noblesse,* par Laîné, *Nobiliaire de Champagn*
page 80.

archives de la famille de Tarade. On voit, par cet acte, qu'elle eut pour parrain Nicolas Coquart de la Motte, écuyer, maréchal des camps et armées du roi, commandant le corps des carabiniers, et pour marraine Nicole Leleu, veuve de Louis Loisson, écuyer, seigneur de Mery, de Bayerne et autres lieux. Dans le même acte, Jean-Baptiste Dubois, père de Nicole Dubois, a la qualité d'*écuyer* (*Pièce cotée n° 23*).

Nicole Dubois de Chantrenne avait une sœur mariée à N. Delfraize, conseiller du roi en l'élection d'Épernay, et un frère, Jean Dubois de Chantrenne, qui fut chevalier de l'ordre royal et militaire de Saint-Louis, lieutenant-colonel du régiment de chasseurs de Roussillon, puis colonel de la garde constitutionnelle de Louis XVI. Ce brave officier s'attira la haine des révolutionnaires par son dévouement à la cause royale. Il était détenu à l'Abbaye lorsqu'on lui apprit la fin tragique de Louis XVI. A cette nouvelle, il se plongea un couteau dans le cœur en s'écriant : « Plus de roi, plus de Chantrenne!... »

Au mois d'avril 1740, les enfants de Germain Dubois, seigneur de Crancé (mort en 1727), et de dame Madeleine de Parvillez obtinrent des lettres de maintenue de noblesse, enregistrées à la Cour des comptes de Paris, le 15 avril 1741.

Dubois de Chantrenne et de Crancé

D'azur, au chevron d'or accompagné de trois glands de même, tigés et feuillés de sinople, posés deux en chef et un en pointe.

Le contrat de mariage de Nicole Dubois de Chantrenne et d'Odile-Sébastien de Tarade fut rédigé en présence des parents et amis dont les noms suivent en la *pièce cotée n° 24.*

Nicole Dubois de Chantrenne mourut le 1ᵉʳ octobre 1828.

Odile-Sébastien de Tarade eut six enfants :

1° Jean-Baptiste-Odile de Tarade, écuyer, né le 21 novembre 1759. Officier au régiment de Paris, puis lieutenant dans la garde de Louis XVI; il se signala par son courage dans la journée du 10 août 1792, et reçut un grand nombre de blessures. Voir l'extrait authentique de ses services, lettre D.

En 1789, il avait comparu à l'Assemblée électorale de la noblesse du bailliage de Châlons-sur-Marne (1).

(1) *Catalogue des gentilshommes de Champagne qui ont pris part ou envoyé leur procuration aux assemblées de la noblesse pour l'élection des députés aux États-généraux de 1789,* publié par L. de Laroque et E. de Barthélemy, p. 9.

Jean-Baptiste-Odile de Tarade mourut à Corbeilles (Loiret), en 1793, sans laisser d'enfants du mariage qu'il avait contracté, en 1791, avec Gilberte-Étiennette Guyot, fille d'Étienne Guyot, seigneur des Granges, en Nivernais, conseiller du roi et auditeur à la chambre des Comptes de Paris. Voir l'acte de décès d'Étiennette Guyot, en la *pièce cotée* *n° 25*.

Guyot des Granges

D'argent, à trois poissons, nommés guyots, en pal, posés en fasce, d'azur (1).

Gilberte-Étiennette Guyot, épousa en secondes noces Savinien Yver, notaire royal à Paris (1).

2° François-Sébastien de Tarade, qui suit;

(1) *Armorial* de d'Hozier, II° volume.

(2) Savinien Yver, l'un des hommes les plus justes et les plus honorables que l'auteur ait connus, était fort instruit, très-bienveillant et doué d'un sentiment de pénétration rare. Sa tête était fort belle et son visage offrait une grande ressemblance avec celui

3° Louis-Nicolas de Tarade, auteur d'une branche dont nous parlerons plus loin (§ II°).

4° ⎫
5° ⎬ Trois filles, mortes en bas âge.
6° ⎭

V° — TARADE (François-Sébastien de), écuyer, capitaine d'artillerie, chevalier de l'Ordre royal et militaire de Saint-Louis, est né Péronne, le 24 mai 1762, ainsi que le constate l'acte coté n° 10 (1).

de Châteaubriand. Son front, vaste et très-élevé, signe d'une puissante intelligence, surmontait de grands yeux aussi bons que spirituels. Lorsqu'il se présentait, dans le notariat, une question difficile, ses collègues s'en rapportaient toujours à sa décision. Le trait d'exquise délicatesse rapporté dans notre *Voyage d'artiste* (p. 101), peint l'homme d'après nature, et tout enfin justifie parfaitement la douleur de sa veuve, qui, excellente elle-même, ne se consola jamais de la perte de son mari et s'entoura de deuil jusqu'à sa propre mort, survenue en janvier 1851. Savinien Yver avait été frappé à mort par le choléra, en 1832.

(1) Voilà une de ces grandes figures qui marquent profondément leur passage dans une famille. Homme sérieux, énergique, l'intrépidité de François-Sébastien de Tarade égalait son dévouement. Nous l'avons vu, à l'âge de soixante-dix-huit ans, lors d'un incendie considérable, marcher sur les planchers enflammés, une hache à la main, pour couper le feu, avec l'audace et la sûreté d'un jeune homme. Il était fort instruit, très-fort en mathématiques, et faisait lui-même la répétition des devoirs de ses enfants et de son neveu Augustin-Alfred, dont une partie de la jeunesse se passa chez son oncle.

D'un esprit inventif, son imagination, secondée par une activité extraordinaire, donnait souvent naissance, et presque subitement, à des choses qu'on eût regardées comme impossibles. Ainsi, un jour qu'on parlait de l'agrément qu'il y aurait à avoir dans un grand jardin une tente pour prendre le frais dans la belle saison,

François-Sébastien de Tarade fit des preuves de noblesse, pour le service militaire, devant Bernard Chérin, et reçut de ce généalogiste, à la date du 5 mars 1782, un certificat de noblesse, dont nous avons donné le texte en la *pièce cotée n° 3*, et dont l'original se trouve dans les archives de la famille.

Le 18 avril 1782, il fut nommé troisième sous-lieutenant en pied, sans appointements, à la première compagnie du régiment d'infanterie de Rouer-

M. de Tarade passa la nuit à faire le plan de cette tente, et, le lendemain, la tente, sa charpente, sa menuiserie, portes, fenêtres, toiles, peintures, tout était terminé, en place, et l'on peut se figurer la surprise des amis à leur retour au jardin, dans la soirée.

Veut-on un autre trait, d'une originalité incontestable? En 1814, S. A. R. MADAME, duchesse d'Angoulême, se rend à Lyon. M. de Tarade, alors capitaine de la compagnie d'artillerie de la garde nationale de Moulins (Allier), se porte à sa rencontre avec sa compagnie, à la porte de Paris, et lui rend les honneurs; puis, MADAME devant déjeuner à la préfecture, le capitaine va lui rendre ses devoirs. Elle le retrouve avec sa compagnie et ses deux pièces de canon à la porte de Lyon, au moment de son départ. Voyageant en poste, et dans une berline attelée de quatre chevaux, S. A. R. arrive à Droiturier, limite du département, à 32 kilomètres de Moulins. Quelle n'est pas sa surprise d'être saluée là par des salves d'artillerie, et d'y trouver la compagnie d'artillerie de la garde nationale, avec son infatigable capitaine en tête ! Les deux pièces de canon sur des prolonges, pataches mises en réquisition à Moulins, deux chevaux à chaque voiture et fouette cocher! au triple galop, dans des chemins de traverse, et nous arrivons à Droiturier (l'auteur assistait à cette course folle) cinq minutes avant S. A. R. C'est à n'y pas croire, et c'est cependant la pure vérité.

François-Sébastien de Tarade était de haute taille, bien proportionné. Il ressemblait considérablement au portrait de Jacques de Tarade, placé au frontispice de cet ouvrage.

gue. La lettre de nomination à ce grade est cotée n° 26 (1).

Le 27 novembre suivant, il fut nommé sous-lieutenant appointé, à la compagnie de la Vergne, dans le même régiment. Voir la lettre d'avis en la *pièce cotée n° 27* (2).

Au mois de décembre 1782, il rejoignit le corps du comte d'Estaing, à Cadix, et fit, avec le régiment de Rouergue, les campagnes de cette année et de 1783. C'est ce qui résulte de son état de services (lettre E) et du certificat signé par plusieurs officiers supérieurs dudit régiment. Nous avons reproduit ce certificat dans la *pièce cotée n° 28* (3).

Rentré en France, François-Sébastien de Tarade fut nommé lieutenant en second de la compagnie de la Catonne, au régiment de Grenoble (corps royal d'artillerie), le 1er septembre 1785, ainsi que le constatent l'état de services susdit (lettre E) et la lettre d'avis, cotée n° 29, dont l'original fait partie des archives de la famille.

François-Sébastien de Tarade fut nommé lieutenant en premier le 1er avril 1791, et, le 30 mars 1792, promu au grade de capitaine, au 3e régiment du Corps de l'artillerie, ainsi qu'il résulte de l'état de services précité et de la commission signée de S. M. le roi Louis XVI (*Pièce cotée n° 30*), qui figure en original dans les archives de la famille.

(1) Archives de la famille de Tarade. — (2) *Idem*. — (3) *Idem*.

François-Sébastien de Tarade fit la campagne de 1792, sous les ordres de S. A. R. le duc de Bourbon. Ses services, dans cette campagne, sont constatés par l'honorable certificat coté nº 31, signé par le prince lui-même, et dont l'original fait également partie des archives de la famille.

Le 30 fructidor an III (16 septembre 1795), M. de Tarade fut nommé inspecteur près la fonderie de Moulins (Allier), par commission dont le texte suit en la *pièce cotée nº* 32 (1), et il conserva ces fonctions jusqu'au 14 brumaire an V.

De 1812 à 1815, M. de Tarade commanda, comme capitaine, la compagnie d'artillerie de la garde nationale de Moulins (Allier). La *pièce cotée nº* 33 constate sa nomination à ces fonctions; cette pièce est signée Marly, alors maire de la ville de Moulins (2).

En considération de ses services, François-Sébastien de Tarade reçut de S. M. Louis XVIII, le 31 janvier 1815, la croix de chevalier de l'Ordre royal et militaire de Saint-Louis. Voir en la *pièce cotée nº.* 34 le texte des lettres par lesquelles cette honorable distinction lui fut conférée, lettres qui existent en original dans les archives de la famille.

François-Sébastien de Tarade eut l'honneur d'être reçu chevalier de Saint-Louis par S. A. R. Monsieur, comte d'Artois, le 12 février 1815, ainsi que le constate la *pièce cotée nº* 35 (3).

(1) Archives de la famille de Tarade. — (2) *Idem*. — (3) *Idem*.

Par ordonnance royale du 1ᵉʳ novembre 1817, M. de Tarade fut nommé lieutenant-colonel de la garde nationale à pied de l'arrondissement de Moulins. Voir le texte du brevet, *pièce cotée n° 36.*

Nous avons reproduit dans la *pièce cotée* lettre E, son état de services authentique, émané du ministère de la Guerre (1).

Le 15 juin 1790, il avait épousé Élisabeth de Lavenier, née à Moulins (Allier), le 22 juillet 1773, fille de Messire Claude de Lavenier, chevalier de l'Ordre royal et militaire de Saint-Louis, capitaine de grenadiers au régiment de Monsieur, frère du roi, et de Marie-Élisabeth Villhardin de Montigny.

Élisabeth de Lavenier avait eu pour parrain N. Villhardin de Marcellange, son oncle, et pour marraine Élisabeth de Lavenier, sa tante.

Le contrat fut passé le 12 juin de la même année devant Boullard et Pornotte, conseillers du roi, notaires en la sénéchaussée de Bourbonnais, à Moulins. Parmi les personnages qui furent présents à sa rédaction, on remarque : Marie-Anne Giraud des Écherolles; — Messire Anne-Étienne-Denis-Louis Giraud des Écherolles, écuyer, officier au régiment de Royal-Guienne; — Étiennette-Marie-Alexandrine Giraud des Écherolles, cousins et cousines issus de germain du futur; — Élisabeth de Lavenier, tante paternelle de la future; — Messire Jean-Baptiste Villhardin, écuyer, seigneur de Marcellange, et dame

(1) Archives de la famille de Tarade.

Louise-Marie Picard, son épouse; — Dame Catherine Vilhardin, veuve de Messire Marc-Antoine Heulhard-Fabrice, intendant des jardins du roi, à Moulins, oncle et tante de la future; — Damoiselle Gabrielle de Lavenier, sœur germaine de la future; — Pierre Beraud, conseiller, procureur du roi pour la police, en la sénéchaussée du Bourbonnais, oncle à la mode de Bretagne de la future; — Haut et puissant seigneur Messire Louis-Augustin Lamy d'Hangeste, chevalier de l'Ordre royal et militaire de Saint-Louis, maréchal des camps et armées du Roi, colonel au régiment de Grenoble-artillerie; — Messire Charles Favre, capitaine au même régiment; — Messire Théodore-Charles-Joseph de Hédouville, lieutenant au même régiment; — Le chevalier de Bodinat, etc... (*Expédition du contrat conservé dans les archives de la famille de Tarade*).

La cérémonie nuptiale eut lieu dans l'église paroissiale de Saint-Pierre, de Moulins, le 15 juin 1790, en présence d'Étienne Giraud des Écherolles, colonel du régiment national de Moulins; — d'Étienne-Denis-Louis Giraud des Écherolles; — de Jean-Baptiste-Louis Guériot, capitaine d'artillerie; — de N. Picard de Marcellange; — de N. Fabrice du Verger; — de N. de Saint-Quentin, etc.... (Extrait des actes de mariage de la paroisse de Saint-Pierre, de Moulins, délivré le 13 fructidor an IV, et conservé dans les archives de la famille) (1).

(1) Élisabeth de Lavenier avait pour sœur aînée Victoire de Lave-

De Lavenier

D'argent, à une main de carnation mouvant de sénestre et tenant une poignée de feuilles d'iris, de sinople, soutenue de flammes de gueules (1).

nier, qui fut mariée à Toussaint Bétin. Les deux sœurs étaient douées de beaucoup d'esprit, mais n'ayant entre elles aucune autre ressemblance. Victoire était grande, brune, d'un tempérament mélancolique et d'un esprit un peu romanesque; — Élisabeth était petite, blonde, fort jolie, d'un caractère vif et enjoué. Sa mère disait d'elle « qu'elle eut fait rire le diable, si le diable pouvait rire, » et c'est d'Élisabeth aussi qu'une femme simple et naïve disait : « On répète partout que madame de Tarade a tant d'esprit... moi, je ne vois pas la chose ainsi; quand elle vous parle, on dirait qu'elle lit dans un livre... »

Malheureusement les deux sœurs furent mariées sans avoir aucune expérience, à quinze ans, au sortir du couvent, ce qu'on peut considérer comme une double erreur.

Victoire Bétin avait eu un fils, Adolphe, qu'elle aimait à l'adoration, et qui la consolait de ses peines morales et de ses douleurs physiques. Ayant eu la douleur de le perdre quand il eut atteint l'âge de douze ans, cette cruelle plaie de son cœur ne se ferma jamais; elle écrivit à sa sœur, sur ce triste sujet, de nombreuses lettres qui sont autant de modèles de sentiment et de style. La correspondance des deux sœurs se trouve entre les mains de l'auteur, qui se propose de la mettre au jour.

(1) D'Hozier, Moulins, p. 405.

François-Sébastien de Tarade mourut le 23 mars 1843; Élisabeth de Lavenier, sa femme, était morte le 6 novembre 1839.

Du mariage de François-Sébastien de Tarade et de Élisabeth de Lavenier, sont issus quatre enfants.

1° Jean-Baptiste-Nicolas-Eugène de Tarade, mort en bas âge;

2° Louis-Nicolas-Théophile de Tarade, qui suit;

3° Claude-Antoine-Victor de Tarade, né à Moulins, le 9 prairial an IV, et qui mourut en bas âge (1);

4° Gilbert-Philippe-Émile de Tarade, dont nous parlerons après son frère aîné.

VI°. — TARADE (Louis-Nicolas-Théophile de) est né à Triguères, canton de Châteaurenard (Loiret), le 25 novembre 1793, ainsi qu'il résulte d'un extrait des actes de naissance de la commune de Triguères, délivré le 18 floréal an III, et signé : GRANGER. (*Archives de la famille de Tarade*). Voir cette pièce au n° 37.

Louis-Nicolas-Théophile de Tarade, ancien élève de l'École impériale spéciale et militaire de Saint-Cyr, servit d'abord comme lieutenant en deuxième, puis comme lieutenant en premier dans l'artillerie, fit les campagnes de Magdebourg et de Wesel, passa ensuite dans le 58° régiment d'infanterie de ligne, où il fut promu au grade de capitaine, et servit

(1) *Extrait des registres des actes de naissance de la commune de Moulins*, délivré le 12 prairial an IV, signé : VIDALIN, officier public, et conservé dans les archives de la famille.

plus tard en cette qualité dans le 21ᵉ régiment de ligne. (Voir son extrait de services authentique en la *pièce cotée* lettre F).

De 1831 à 1835, Louis-Nicolas-Théophile de Tarade servit comme capitaine-adjudant-major de la garde nationale de Paris.

Il avait épousé, le 24 janvier 1825, Marie-Irma Vilhardin de Marcellange, fille de Denis-Joseph Vilhardin de Marcellange, receveur des impôts indirects, à Moulins, et de Jeanne-Augustine Deschamps de Châteauneuf.

La mère de Jeanne-Augustine Deschamps de Châteauneuf a eu dans sa famille de très-belles alliances, parmi lesquelles on remarque les Deschamps, marquis de Beuvron. Treize de ses grands oncles furent chevaliers de Saint-Louis et de Malte, et deux chanoines-comtes de Lyon.

De ce mariage sont issus :

1° François-Charles-Eugène de Tarade, né le 25 octobre 1825 ;

2° Denis-Joseph-Abel de Tarade, né le 4 août 1827 ;

3° Jean-Marie-Gaëtan de Tarade, né le 9 mai 1830, mort le 13 octobre 1839.

La famille Vilhardin de Marcellange, alliée à la famille de Tarade, a comparu à l'Assemblée électorale de la noblesse de la sénéchaussée du Bourbon-

nais (Châtellenies de Moulins, de Chantelle, de Sou-
vigny et de Verneuil) (1).

VILHARDIN DE MARCELLANGE

D'azur, à une fasce d'argent, chargée d'une ville de gueules (2).

(1) *Catalogue des gentilshommes de Bourbonnais, Nivernais et Donziois, qui ont pris part ou envoyé leur procuration aux assemblées de la noblesse pour l'élection des députés aux États-Généraux de* 1789, publié par L. de la Roque et E. de Barthélemy, p. 6, 8, 11.

(2) D'Hozier, manuscrit : Bourbonnais, p. 428 et 433, pour N. Vilhardin, conseiller du Roy, lieutenant criminel en l'élection de Moulins, et Pierre Vilhardin, avocat au présidial de Moulins.

DESCHAMPS DE CHATEAUNEUF

D'azur, à la foi de carnation, accompagnée en chef d'un chevrod'or, et en pointe d'un coq de même.

Louis-Nicolas-Théophile de Tarade est mort
Paris le 23 mars 1837 (1).

VI°. — TARADE (Gilbert-Philippe de Tarade, lieüte
nant de cavalerie en retraite, ancien Garde-du-Corp
du roi (compagnie de Gramont), ancien professeu
libre de Physiologie comparée, chevalier de l'Ordr
royal et militaire du Christ (de Portugal) (du 14 mai
1866), chevalier de l'Ordre impérial de Notre-Dam
de Guadalupe (par décret de S. M. l'Empereur d

(1) Théophile de Tarade fut pour l'auteur de cette notice u
excellent frère. Ses études, inspirées par son père, avaient spéci
lement porté sur les mathématiques. Il était très-gai, très-bon.
trop peut-être, car il fut plus d'une fois victime de son bon cœu
Homme fait, il se plaisait encore aux jeux de l'adolescence. D'u
tempérament sanguin, il fut atteint d'une péri-pneumonie qu
négligea, considérant cette affection comme peu grave; mais el
prit bientôt des proportions redoutables et l'emporta presq
subitement.

Mexique, du 3 novembre 1866) décoré de la Médaille royale de Suède, en or, *litteris et artibus,* et des palmes d'Officier d'Académie, du 2 avril 1869, est né à Moulins (Allier), le 21 juin 1800.

Désirant continuer les traditions de sa famille, il entra au service avant même d'avoir atteint sa seizième année. Il servit d'abord dans l'infanterie comme sous-officier, depuis le commencement de l'année 1816 jusqu'au 31 janvier 1821, qu'il fut appelé par S. M. Louis XVIII à un emploi de Garde-du-Corps de Sa Majesté, compagnie de Gramont, avec rang de sous-lieutenant à partir de ladite époque.

La Maison militaire du Roi ayant été licenciée en 1830, par suite des événements politiques, Gilbert-Philippe-Émile de Tarade resta en disponibilité depuis cette époque, et atteignit ainsi l'âge de sa mise en retraite comme lieutenant de cavalerie, le 16 août 1846.

Voir le texte de son état de services, en la pièce cotée lettre G, et le texte des brevets qui le concernent, dans les pièces cotées n°ˢ 38, 39, 40, 41, 42 et 43.

Gilbert-Philippe-Émile de Tarade a épousé, le 2 février 1843, Demoiselle Jeanne-Louise Gautié.

M. de Tarade, en dehors de son service militaire, s'est livré aux lettres, aux sciences et aux arts. Élève et ami de Pascal Taskin et du compositeur espagnol Ferdinand Sor, il a composé beaucoup de musique, notamment plusieurs quatuors, quintetti et sex-

tuors pour piano et instruments à cordes, dive
morceaux pour musique militaire et neuf symph
nies à grand orchestre, dont deux avec chœurs. Pl
sieurs de ces compositions ont été exécutées av
beaucoup de succès à Tours.

Pendant les années 1838-39-40-41-42 et 46, il
fait, dans la plupart des grandes villes de Franc
des conférences sur la physiologie comparée, av
des applications à l'hygiène et à la morale (1).

En 1848, étant chef de bataillon de la garde nati
nale de Saint-Denis-Hors, il a concouru, par de sag
dispositions, au maintien de l'ordre dans les car
pagnes environnant Amboise.

En 1865-66-67, M. de Tarade a repris ses cours
fait dans les villes de Tours, de Blois et d'Amboi
un très-grand nombre de conférences publiques (
(Voir au n° 47 en quels termes le *Journal de Loi
et-Cher*, dans son numéro du 30 novembre 186
a rendu compte d'une de ces conférences.)

A la suite de ses cours, M. de Tarade eut l'ho
neur de recevoir de l'administration municipa
de chacune des villes de Tours, de Blois et d'A
boise les félicitations et les remerciements con

(1) Nous prenons au hasard, dans les lettres qui lui ont
adressées à ce sujet, celle de M. Ferdinand Favre, chevalier d
Légion-d'honneur, maire de la ville de Nantes (Voir le n° 44).

(2) Ces conférences, autorisées par S. E. le ministre de l'instr
tion publique (Voir ces autorisations, n°s 45 et 46), ont été
nombre de quatre-vingts, pour les trois villes ci-dessus nomm
Le professeur faisait une leçon par semaine dans chaque ville.

gnés dans les lettres les plus honorables, dont on trouvera le texte sous les n°⁸ 48, 49 et 50.

(Tout ce qui suit, dans cet article, est extrait du *Calendrier de la Noblesse*, pour 1867, par M. J.-X. Carré de Busserolle, pages 416 et suiv.)

« Mu par ses idées philanthropiques, M. de Tarade a toujours fait à son pays d'adoption tout le bien qui dépendait de lui. D'une ardeur infatigable dans la pratique de la bienfaisance, on le trouve constamment à la tête des œuvres ayant pour but d'améliorer le sort de la classe nécessiteuse. C'est ainsi que dans un temps où, à Amboise, les souffrances de l'industrie manufacturière donnèrent lieu à un défaut de travail, et à cette autre époque si douloureusement marquée par des inondations désastreuses, on dut à son initiative l'organisation de magnifiques fêtes de charité dont le résultat vint apporter du soulagement à beaucoup de misères.

« La création de la *Société alimentaire* qui fonctionne depuis douze ans à Tours (1), avec un grand succès, provient également de la généreuse initiative de M. de Tarade. Le 5 novembre 1866, le Conseil municipal de cette ville, à l'occasion d'une nouvelle libéralité de M. de Tarade, a exprimé les sentiments de reconnaissance des habitants de Tours dans une délibération dont nous extrayons ce qui suit :

« M. le Président (M. Magaud-Viot, premier ad-

(1) Quatorze ans maintenant.

« joint) fait connaître au Conseil que M. de Tarade
« vient de faire hommage à la ville de Tours du
« buste de Sa Majesté l'Empereur Napoléon III,
« sculpté et coulé en bronze par Barre.

« La ville de Tours, ajoute M. le Président, a
« depuis longtemps contracté une dette de recon-
« naissance envers ce généreux citoyen : c'est à son
« initiative qu'est due, en 1855, la création de la
« Société alimentaire qui a rendu et qui rend encore
« de si grands services à la classe ouvrière et néces-
« siteuse. Non-seulement M. de Tarade donna alors
« l'idée de cette Société, mais encore il offrit géné-
« reusement de faire l'avance, sans intérêts, des
« fonds nécessaires à sa fondation.

« M. de Tarade, dit en terminant M. le Président,
« a donc droit à la reconnaissance de la ville, et il
« propose de lui voter des remerciements.

« Le Conseil, à l'unanimité, vote ces remercie-
« ments (1). »

M. de Tarade a publié les ouvrages suivants, dont
les critiques de la presse ont fait un juste éloge :

Éléments d'anatomie et de physiologie compa-
rées, avec huit planches, contenant 125 figures des-
sinées sur pierre lithographique, par l'auteur, 1 vol.
in-8°, Paris, Fortin et Masson, 1841.

Chère Touraine, recueil de poésies, Tours, imprimerie de Mazereau.

Éducation du chien, ou traité complet des

(1) Archives de la famille de Tarade.

moyens de cultiver l'intelligence de ce précieux animal, d'obtenir de lui toutes sortes de services, etc....
Paris, Eugène Lacroix, 1866, 1 vol.

Un voyage d'artiste, Paris, Dentu, 1867, 1 vol.

Fleurs des champs, recueil de poésies, Tours, Mazereau, 1868, 2 vol.

M. de Tarade réside actuellement (1869) au château de Belleroche, près Amboise.

<h3 style="text-align:center">§ II. — Deuxième branche.</h3>

V°. — TARADE (Louis-Nicolas de), écuyer, né le 17 novembre 1764 (troisième fils d'Odile-Sébastien de Tarade et de Nicole Dubois de Chantrenne), sous-lieutenant au régiment de Rouergue-infanterie (*État militaire de la France pour l'année* 1787, par M. de Roussel, page 237), chevalier de l'Ordre royal et militaire de Saint-Louis, lieutenant dans la garde du roi Louis XVI, se fit remarquer par son dévouement à cet infortuné prince, dans la journée du 10 août 1792 (1). Plus tard il fut nommé chef de bataillon honoraire. Il administra pendant fort longtemps, comme maire, la commune de Corbeilles, où il résidait, et à laquelle, en cette qualité, il fit beaucoup de bien.

En 1792, il épousa Marie-Philippine Cousinet, née à Souzy (Seine-et-Oise), le 12 avril 1771, fille de Jérôme Cousinet, maître en la chambre des Comptes de Paris.

(1) Voir à ce sujet la pièce cotée n° 51.

Marie-Philippine Cousinet avait une sœur aînée, qui épousa N. de Tarragon et s'était fixée à Minvilliers, en Beauce.

La famille Cousinet a toujours occupé de très-belles positions dans la magistrature. M. de Barante témoigne de l'ancienneté de cette maison dans son *Histoire des ducs de Bourgogne.*

COUSINET,

Seigneurs de Bois-Roger.

Écartelé; aux premier et dernier quartiers d'or, au chevron d'azur, accompagné de trois merlettes de sable; aux 2 et 3 de gueules, au miroir antique de forme ronde, d'argent, la bordure du miroir, d'or, ornée de boutons de même, et ayant un manche en sa partie inférieure, aussi d'or; sur le tout, d'azur, à une fasce d'or accompagnée en chef de deux oiseaux affrontés, d'argent, et au bas de l'écu une petite montagne de même, mouvante de la pointe (1).

Louis-Nicolas de Tarade mourut au château de Corbeilles, le 3 octobre 1833, et Marie-Philippine Cousinet mourut également au château de Corbeilles, le 8 juin 1851.

(1) Dubuisson, armorial des principales maisons et familles du royaume, tome 1er, page 115.

Voir l'état de services authentique de Louis-Nicolas de Tarade, lettre H (1).

Du mariage de Louis-Nicolas de Tarade et de Marie-Philippine Cousinet, sont issus quatre enfants :

1° Augustin-Nicolas-Alfred de Tarade, qui suit;

2° Antoine-Louis-Fortuné de Tarade, né le 4 septembre 1798, mort le 23 avril 1835, sans avoir été marié;

3° Aimée de Tarade, morte en bas âge;

. 4° Marie-Françoise-Augustine-Constance de Tarade, née le 2 février 1796 (2).

(1) Louis-Nicolas de Tarade était d'une taille grande et bien proportionnée, la tête belle et bien placée, le menton à deux étages ; ses yeux, très-grands et très-brillants, étaient fort expressifs; il avait dû être dans sa jeunesse un charmant cavalier, très-galant, ayant les formes et le langage polis de l'ancienne cour. D'une extrême vivacité, il s'emportait pour un rien ; mais c'était un feu de paille qui s'éteignait aussitôt. Son excellent cœur ne se serait point accommodé d'une conduite contraire. Affable pour tout le monde, il avait beaucoup de gaieté dans le caractère, et attachait quelque prix aux jeux spirituels; il se piquait même de fournir les siens à l'occasion. La goutte le tourmenta cruellement sur la fin de sa vie.

L'auteur de cette notice l'a pleuré comme on pleure un père, car son oncle avait toujours été plein de bonté et d'affection pour lui. Du reste, Louis-Nicolas de Tarade emporta en mourant les regrets de toutes les personnes qui l'avaient connu.

Quant à Marie-Philippine Cousinet, on peut, sans craindre de se tromper, l'appeler la mère des pauvres. Leur prodiguant soins et médicaments, pansant leurs plaies, etc. Son dévouement pour eux était de tous les instants. Chaque dimanche, la bonne châtelaine et ses filles consacraient une grande partie de la journée à confectionner des vêtements ou du linge pour les malheureux.

(2) Quoique M. Augustin-Nicolas-Alfred de Tarade soit l'aîné, nous allons nous occuper de sa sœur, pour ne pas nuire à l'ordre des degrés de filiation.

Suivant contrat passé devant Yver et Lemaître, notaires à Paris, le 27 septembre 1818, elle épousa, le 2 octobre 1818, le baron Armand-Louis-Joseph Eeremans de Beaufort, né à Paris, le 13 novembre 1783, officier aux Chevau-légers de S. M. le roi Louis XVIII, fils d'Antoine-Joseph Eeremans, baron de Beaufort, écuyer, lieutenant-colonel de cavalerie, prévôt général des maréchaussées, chevalier de l'Ordre royal et militaire de Saint-Louis, premier lieutenant du tribunal de Nosseigneurs les Maréchaux de France, et de Madeleine-Françoise de Logras.

Armand-Louis-Joseph Eeremans, baron de Beaufort, mourut au château de Corbeilles (Loiret), le 8 août 1858, et Marie-Françoise-Augustine-Constance de Tarade, sa femme, mourut à Orléans (Loiret), le 31 mars 1868.

La famille Eeremans de Beaufort est originaire des Flandres. Antoine-Joseph Eeremans de Beaufort, né en 1724, prit du service en France sous le règne de Louis XV et fut grand-prévôt de l'armée dans la campagne de Westphalie. Après la paix de Maëstricht, le maréchal de Richelieu, dont il fut longtemps l'aide de camp et l'ami, l'attacha à l'ambassade de Vienne.

Ayant vendu sa charge de premier lieutenant du tribunal de Nosseigneurs les Maréchaux de France, il reçut du roi, par une faveur toute spéciale, des lettres d'honneur, et fut continué dans ses fonctions.

Antoine-Joseph de Beaufort reçut de l'Empereur d'Autriche le titre de baron du Saint-Empire en 1787, et fut nommé maréchal de camp par S. M. Louis XVI, en 1791.

EEREMANS DE BEAUFORT

Barons du Saint-Empire

D'argent, à deux fasces de sable, accompagnées en cœur de deux sautoirs du même; écartelé d'or, à trois pals d'azur; au chef de gueules chargé d'une hure de sanglier d'argent.

Du mariage de Marie-Françoise-Augustine-Constance de Tarade et de Armand-Louis-Joseph Eeremans, baron de Beaufort, sont issus trois enfants :

A. — Clément-Louis-Philippe Ernest Eeremans, baron de Beaufort, membre du conseil municipal de Verdun, depuis 1853, ancien adjoint du maire de ladite ville, ancien chef de bataillon de la Garde nationale, ancien président de la Société d'agriculture et philomatique et président de l'Orphéon de Verdun, né au château de Corbeilles (Loiret), le 19 août 1819, marié à Louise-Blanche de Chardon.

De Chardon

D'or, au chevron d'azur, accompagné en chef de deux chardons au naturel, et en pointe d'une roue de sable.

Du mariage de Clément-Louis-Philippe-Ernest Eeremans, baron de Beaufort, avec Louise-Blanche de Chardon, sont issus :

1° Armand-Louis-Henri Eeremans de Beaufort, né à Verdun, le 11 février 1858;

2° Marie-Marguerite-Charlotte-Clémence Eeremans de Beaufort, née dans la même ville, le 27 juin 1861.

B. — Caroline Eeremans de Beaufort, morte en bas âge;

C. — Nicole-Claudine-Nathalie Eeremans de Beaufort, née le 30 octobre 1825, mariée le 3 mai 1854 à Anselme-Marie-Hector Jullien de Saumery, né à Orléans (Loiret), le 18 avril 1818.

D. — Marie-Angélique-Augustine Eeremans de Beaufort, née au château de Corbeilles (Loiret), le 26 décembre 1835.

Du mariage de Nicole-Claudine-Nathalie Eeremans de Beaufort avec Anselme-Marie-Hector Jullien de Saumery sont issus :

1° Alice-Marie-Nicole Jullien de Saumery, née à Orléans (Loiret), le 22 février 1855.

2° Gérard-Marie-Philippe Jullien de Saumery, né au château de Corbeilles (Loiret), le 11 mai 1858.

3° Pierre-Stanislas-Daniel Jullien de Saumery, né au Château de Corbeilles, le 19 septembre 1861.

La famille JULLIEN est originaire de Bourgogne, où elle est connue dès le milieu du xiiiᵉ siècle. Sa noblesse est constatée : 1° par une enquête juridique faite le 17 mai 1524 (*Généalogie de la famille Jullien*, Paris, 1826, in-4°, p. 4); 2° par l'admission d'Edme Jullien IIIᵉ à la Chambre de la noblesse des États de Bourgogne, en 1557 (*Dictionnaire de la noblesse*, par La Chesnaye-des-Bois, t. VIII, p. 300); 3° par un arrêt du Grand-Conseil du 19 août 1604 (1); 4° par un jugement de l'intendant de Bourgogne, en 1698 (2). Elle a été jurée, le 7 août 1664, dans les preuves faites par la famille Valon de Mimeure, pour son admission dans l'ordre de Saint-Jean de Jérusalem (3).

Cette maison commence sa filiation par Guillaume Jullien, Iᵉʳ du nom, né en Bourgogne vers l'an 1240, et qui en 1277 fut nommé argentier du roi et maître de la Chambre aux deniers (4). Un des fils de Guil-

(1) *Généalogie de la famille Jullien, originaire de Bourgogne*; Paris, 1826, in-4°, pages 4, 5. — (2) *Idem.* — (3) *Idem.* — (4) *Idem.*

laume remplit les fonctions de garde du trésor des chartes du roi et de secrétaire de la Chambre des Comptes de Paris. L'aîné fut notaire-secrétaire de Jeanne de Bourgogne, reine de France, et secrétaire des commandements du roi (1).

Leur descendance a formé trois branches qui ont fait souches.

1° Celle des Jullien, marquis de Mon, établie en Languedoc, dont les principales alliances sont avec les familles de Malvoisin, de Négron, de Bernardi, de Caritat, de Simiane, de Toulouze-Lautrec, de la Tour-du-Pin-la-Churce, de Chazelles, du Roure, de Nogaret, marquis de Calvisson, comte d'Escrigny, d'Hombier de Firmaz-Périès, etc.

2° Celle des Jullien, barons de Villeneuve, établie en Bresse, dont les alliances principales sont avec les familles Maublanc de Chiseuil, de Tréméolles de Barga, de Parchaz de Saint-Marc, Tardy de Montravel, d'Arloz d'Entremont, de Leyris d'Esponchès, de Mayol de Lupé, d'Allemagne, etc.

La branche mère de Bourgogne : les Jullien, barons de Frolois, seigneurs de Réclaine, de Villette, de Verrey, de Verchisy, de Montanerot, de la Cosme-Sous-Mont-Saint-Jean, de la Chapelle-Brancion, etc., a fourni des conseillers au Parlement de Dijon, des membres aux États de la noblesse de la province de Bourgogne, où elle compte une suite de

(1) *Généalogie de la famille Jullien, originaire de Bourgogne;* Paris, 1826, in-4°, pages 4 et 5.

services de robe et d'épée. Ses principales alliances
sont avec les familles de la Beaume, de Carrières, de
Montmézin, de Villaines, Valon de Mimeure, de
Berbisey, de Thésut, de Beaumont, d'Anlezy, des
Barres, Bataille de Mandelot, etc.

Elle a donné naissance à une troisième branche
établie en Orléanais, Gâtinais et Beauce, celle des
Jullien, seigneurs de Halopin, des Mazures, de Vil-
lien, de Prunay, de Courcelles et de Saumery, dont
les alliances principales sont avec les familles Hot-
man, de Creil, Robert de Saint-Vincent, du Han,
Quarré de Loisy, Tapin de Périgny, du Doyer de
Vauventriers et de Chaulnois, Lecomte de Mande-
ville, Le Royer de la Rochemondière, Chartier de
Toucy, de Cartain de la Méchaussée, Patin de la
Tour, Gorrant, de Loynes.

Les deux derniers auteurs de la génération présente, issue de cette troisième branche, sont messieurs Jullien de Courcelles et de Saumery.

Leurs alliances directes et celles de leurs enfants
sont avec les familles Lormeau de la Croix, de
Picot, marquis de la Mothe (en Bretagne), maréchal des camps et armées du roi, chevalier de
Saint-Louis (sous Louis XVI), Cudel de Villeneuve, Tassin de Saint-Pereuse, de Jaubert Saint-
Mâlo (1), comte et vicomte d'Alès de Corbet, mar-

(1) D'ancienne famille du Roussillon, le chevalier de Jaubert-
Saint-Mâlo était attaché, comme chevalier d'honneur, à la personne
de S. A. R. Madame la duchesse de Bourbon.

quis du Dresnay-Quélen (en Bretagne), officier aux
gardes de la maison du roi Charles X, chevalier de
Malte, marquis et vicomte du Fay (en Poitou), comte
Levassor de la Touche, Lagier de la Condamine (en
Dauphiné);

En Orléanais et départements voisins avec les familles Loyré (des seigneurs de Saint-Jacques en Dunois
et d'Arbouville en Beauce), départements auxquels
appartiennent le général Loyré d'Arbouville, allié aux
d'Houdetot, les Crignon de Bonvallet, d'Auzouer, de
Montigny, de Mérinville, l'amiral baron Duperré,
marquis de Sourdin, petit-fils du duc d'Avaray, vicomte de Cossette, du Temple de Chévrigny, vicomte
de Trimond, Crignon des Montées, comte du Faur de
Pibrac, de Tarville, vicomte Bigot de la Touanne,
Crignon des Ormeaux, baron de Savenay, Miron de
la Motte, Colas des Francs, comte du Roscoat, Colas
de Brouville et de Malmusse, Costé de Bagneaux,
d'Allaine, de Vandeberghe, vicomte de Villebresme,
marquis de Tarragon, etc.

Les enfants de M. de Saumery se sont alliés aux
familles Tassin de Montaigu, Eeremans, baron de
Beaufort, Le Ber (1), marquis et vicomte de Con-
tades-Gizeux (Maine-et-Loire), Ferrand de Carpentin (Orne) (2).

Jean-Baptiste-Pierre Jullien, chevalier de Courcelles, né à Orléans, le 14 septembre 1759, généa-

(1) Le Ber, ancienne famille de la noblesse du Berri.
(2) De Carpentin, ancienne famille de la noblesse du Perche.

logiste et historiographe des Ordres du roi, ancien président de l'administration des hospices d'Orléans, chevalier de l'Ordre pontifical de l'Éperon-d'Or, grand-officier-commandeur de l'Ordre du Saint-Sépulcre, chevalier honoraire de l'Ordre des Quatre-Empereurs, et chevalier de l'Ordre du Lion de Holstein-Limbourg, a publié différents ouvrages fort estimés, entre autres : l'*Armorial général* de la Chambre des Pairs de Paris, in-4°, — le *Dictionnaire universel de la noblesse de France*, 5 vol. in-8°, — et le *Dictionnaire historique des généraux français*, 9 vol. in-8°. En outre, il fut, avec le marquis Fortia-d'Urban, l'un des continuateurs du grand ouvrage des Bénédictins de Saint-Maur : l'*Art de vérifier les dates.*

En juin 1848, M. Anselme-Marie-Hector Jullien de Saumery s'est rendu à Paris, comme garde national volontaire, pour combattre l'insurrection, ce qui n'était pas sans danger, par suite de la vive résistance des insurgés (1).

(1) Tous les renseignements ci-dessus ont été fournis par la famille de Saumery.

Jullien de Saumery

D'azur, au lion d'or, armé et lampassé de gueules. — L'écu timbré d'une couronne de baron. — Supports : deux lions.

VI⁰. — Tarade (Augustin-Nicolas-Alfred de), entré au service le 15 juillet 1814, incorporé dans les Gardes-du-Corps de S. A. R. Monsieur, comte d'Artois, sous-lieutenant au 2ᵉ régiment de cuirassiers, puis au 1ᵉʳ régiment de cuirassiers de la Garde royale, est né à Corbeilles (Loiret), le 19 mai 1794.

Il a épousé en premières noces, à Paris, le 29 avril 1822 (1), Marie-Agathe-Zoé de Ménardeau, fille aînée du comte de Ménardeau (2).

La famille de Ménardeau est originaire de Bretagne. « Ceux de ce nom, dit La Chesnaye-des-Bois, « dans son *Dictionnaire de la noblesse,* tome X,

(1) Le contrat de mariage est daté du 27 avril 1822.

(2) Cette charmante jeune femme mourut au château de Corbeilles (Loiret), très-peu de temps après avoir donné le jour à son unique enfant. Elle était jolie, instruite, bienveillante, d'un charmant caractère, et laissa de longs et sincères regrets chez ses parents et ses amis, désolés de se la voir si tôt ravie.

« p. 27-28, ont toujours rempli avec honneur les
« premières places dans l'un et dans l'autre état
« (la robe et l'épée). Ils ne se sont pas moins distin-
« gués par leur attachement à l'autorité royale.
« L'histoire atteste que cet attachement a été inva-
« riable dans tous les temps; leurs lumières et
« leurs travaux ont été utiles à l'État, et ont fait
« honneur pendant près de cent ans au parlement
« de Paris. La longue possession des fiefs, terres et
« châteaux de cette famille, son entrée aux États
« de la province de Bretagne, sont en sa faveur un
« titre glorieux. »

Elle a été maintenue par lettres patentes de 1743,
a patre et avo, et par arrêt du Parlement de 1776
(*Nobiliaire de Bretagne*, par Potier de Courcy,
p. 262). Elle a comparu aux États-Généraux de Bretagne, en 1746 et 1764, et à la protestation de l'Ordre
de la noblesse de Bretagne en 1789 (*Catalogue des
gentilshommes*, États-Généraux de 1789, publié par
L. de la Roque et E. de Barthélemy, pages 14, 27, 45.)

Elle compte parmi ses membres plusieurs personnages illustres, entre autres Claude de Ménardeau,
conseiller d'État, directeur et contrôleur général des
finances, après 1619. « Il rendit un immense service
à l'État par la profondeur de ses lumières et la
sagesse de ses conseils, et en ouvrant l'avis « qu'il
« n'y avait lieu à statuer sur les affaires, dit La Ches-
« naye-des-Bois, qu'au préalable les princes n'eus-
« sent mis bas les armes. Il fut rapporteur de la

7

« fameuse affaire du comte de Saint-Géran qui se lit
« au tome 1ᵉʳ des *Causes célèbres.* »

Il concourut avec le chancelier Séguier, le maréchal de Villeroy, Colbert, d'Aligre, d'Ormesson, etc.,
à la rédaction de la célèbre ordonnance à laquelle
l'historien Daniel a donné le nom de *Code Louis,*
publié en 1667, et qui servit de base à l'administration et à la justice, en France, jusqu'à la promul-
gation du Code civil.

On trouve encore Charles de Ménardeau, conseiller au Parlement de Paris, reçu en 1640. Il assista,
en qualité de député du Parlement, avec ceux
de la chambre des comptes, de la Cour des Aides et
de la ville, à la conférence de Rueil, le 4 mars 1649,
et au traité fameux auquel cette conférence donna
naissance. Dans ce traité, après les signatures de
Gaston, duc d'Orléans, de Louis de Bourbon et de
Mazarin, pour la Cour, viennent pour le Parlement,
celles de Molé, de Mesmes, de Nesmond, de Ménardeau, etc...

La maison de Ménardeau s'est alliée à celles de
Scépeaux, Charette, de la Force, de Crespy, de
Boislève, du Pas de la Bourdinière, de Monti, de la
Bourdonnaye, de Sault, de Choiseul, Henry de
la Place, de Lostanges, de la Garde, de Boux, Le
Haste, de Cornulier, etc...

De Ménardeau

D'azur, à trois têtes et cols de licornes d'or. — Devise : *Telis opponit acumen.* (Nobiliaire de Bretagne, par P. Potier de Courcy, page 262).

En secondes noces, Augustin-Nicolas-Alfred de Tarade a épousé, au château de Saudreville, le 17 mai 1825, Angélique de Rotrou, née à Ypres (Belgique), le 3 novembre 1805, fille de Jean-Baptiste-François de Rotrou, descendant, en ligne directe, de Pierre de Rotrou, écuyer, frère cadet de l'illustre Jean de Rotrou.

Le nom de Rotrou est très-ancien, dit La Chesnaye-des-Bois. L'histoire du Perche fait mention, dans le xie et xiie siècles, de trois Rotrou, princes souverains de ce pays et de quelques provinces voisines. Rotrou, IIe du nom, comte de Mortagne et de Belleime, fut le premier de sa maison qui prit, en 1109, le titre de comte du Perche. Il partit pour la croisade avec Robert, duc de Normandie, et se distingua au siége d'Antioche.

Ce fut lui qui, à son retour d'Angleterre, accueilli

par une tempête où il faillit perdre la vie, fonda,
selon le vœu qu'il avait fait, s'il échappait au péril,
l'abbaye de la Trappe, qui subsiste encore. Louis VII
était alors roi de France, et saint Bernard, premier
abbé de Clairvaux. Le portrait de Rotrou II, fondateur de la Trappe, existe encore dans la maison mère
(département de l'Orne).

Sous Rotrou III, le comté du Perche fut réuni à
la Couronne.

« Une partie de la famille de Rotrou s'établit
dans le Maine et l'autre partie dans le comté de
Dreux. » (Histoire du comté du Perche et du comté
de Dreux, par Gilles Bry et Duchesne.)

Dès la fin du xvᵉ siècle, la famille de Rotrou possédait les premières dignités de la ville de Dreux.
Les plus anciens magistrats dont les registres de la
ville fassent mention portent le nom de Rotrou.

Pierre de Rotrou, seigneur de la Muette et de
Marsallin, était lieutenant général de Dreux. Ses
noms et ses titres sont moulés sur la grosse cloche
de cette ville.

Depuis ce temps, sous Louis IX, sous Henri IV,
sous Louis XIII, sous Louis XIV, etc., la famille de
Rotrou a largement payé sa dette, et souvent au
prix de sa vie, à son prince et à son pays. Un des
membres de cette famille, Jean de Rotrou, après
des faits d'armes remarquables, fut tué dans un
combat qu'il soutint, pour Henri IV, contre
les ligueurs. Son corps fut inhumé à Dreux, dans

l'Église de Saint-Pierre, en la chapelle des Rotrou, dont les armes sont encore blasonnées sur le vitrail de cette chapelle.

Le nom de cette famille a été plus particulièrement illustré, sous Louis XIII, par le grand poète et martyr Jean de Rotrou, né à Dreux, le 21 août 1609. Ce grand homme était particulièrement distingué par Louis XIII, et le cardinal de Richelieu estimait beaucoup de Rotrou, dit le *Grand dictionnaire* de Moreri (t. IX, p. 382). « Cette Éminence le mit au nombre des cinq poètes auxquels elle croyait pouvoir donner des sujets de comédie et de tragédie, afin que chacun contribuât à la composition de la pièce, qui était par cette raison, appelée *des cinq auteurs*. Les quatre autres étaient : de l'Estoille, Bois-Robert, Colletet et Pierre Corneille. Ce dernier appelait ordinairement de Rotrou son père. »

Jean de Rotrou étant lieutenant particulier au bailliage de Dreux, se trouvait à Paris lorsqu'il apprit qu'une maladie contagieuse exerçait de grands ravages dans la ville de Dreux, et que les autorités chargées de veiller au maintien de l'ordre avaient pris la fuite. Aussitôt il retourne à son poste et veille lui-même à l'exécution des mesures que réclame la sécurité publique. Vainement on le presse de se soustraire au danger; les dernières paroles qu'il écrivit alors ont mérité d'être conservées.

Voici ce que ce grand poète, homme de bien et de véritable progrès moral, écrivait de Dreux à son ami

Pierre Corneille, autre grand génie, le 20 juin 1650, huit jours avant d'être frappé par le fléau : « Comme « vous, j'ai travaillé toute ma vie à élever mon « esprit et mon âme. On ne dira pas que nous avons « fait de la sainte poésie un art corrupteur. Au lieu « d'exciter les passions et d'encourager les fai- « blesses, notre théâtre sera l'école du devoir, de « la vertu et de l'héroïsme; c'est une douce et con- « solante pensée pour le cœur d'un mortel qui « s'apprête à paraître devant Dieu. Ce n'est pas « que le péril où je me trouve ne soit fort grand, « puisqu'au moment où je vous écris, les cloches « sonnent pour la vingt-deuxième personne qui « est morte aujourd'hui; ce sera pour moi lors- « qu'il plaira à Dieu. » Malheureusement il fut at- teint lui-même et succomba, peu de jours après (27 juin 1650), victime de son dévouement.

Une grande solennité vient d'ajouter son éclat à l'illustration de la noble famille de Rotrou. La ville de Dreux, reconnaissante des services reçus depuis quatre siècles, et voulant rendre un tribut d'hon- neur et d'admiration au grand poète et magistrat mort pour elle en 1650, célébrait avec magnificence, le 30 juin 1867, l'inauguration de la statue du plus dévoué et du plus illustre de ses enfants. Le bronze représente le magistrat Jean de Rotrou dans le mo- ment solennel où il fait le sacrifice de sa vie. Une fête magnifique fut donnée par la ville le jour de l'inauguration de ce beau et touchant monument.

Nous possédons la filiation suivie de la famille de Rotrou depuis 1450; cette filiation s'établit ainsi qu'on le voit en la pièce cotée n° 53.

Les Rotrou se sont alliés aux marquis de Rambuteau et aux Dorat.

DE ROTROU

De gueules, au chevron d'or, accompagné en chef de deux mollettes d'éperon à six piquants, d'argent, et en pointe d'une rose de même. Couronne de comte; supports, deux levrettes (1).

Du premier mariage d'Augustin-Nicolas-Alfred de Tarade est issu :

Arthur-Sixte-Nicolas de Tarade qui suit (VII° degré).

Du second mariage sont nés :

, 1° Amélie-Louise de Tarade, née au château de Corbeilles (Loiret), le 16 juin 1826, mariée à Jules-Jacques Cœur de l'Étang, le 5 avril 1347, au château de Corbeilles (Loiret).

(1) *Armorial des principales maisons et familles du royaume*, par Dubuisson, tome II, page 82.

La famille Cœur a donné une des plus grandes
célébrités du xvᵉ siècle, Jacques Cœur (1), conseiller

(1) Jacques Cœur, natif de Bourges, quoique fils d'un marchand,
se poussa à la cour de Charles VII et devint son argentier, c'est-à-
dire trésorier de l'épargne. Il servit aussi bien le roi dans les finances que les Dunois, les La Hire et les Xaintrailles par les armes. Il
lui prêta 200,000 écus d'or pour entreprendre la conquête de la
Normandie, que le roi n'aurait jamais reprise sans cela. Du reste, ce
fut lui-même qui proposa cette conquête au roi, en lui en offrant
les moyens. La Normandie fut reconquise et Jeanne d'Arc fut ven-
gée ; mais il eut été plus honorable de briser ses fers : on devait au
moins le tenter, et il y aurait une tache de moins dans la vie de
Charles VII. Le roi fut tellement reconnaissant du service immense
que Jacques Cœur lui avait rendu, que « lorsque Charles VII fit son
entrée dans Rouen, dit Alain Chartier, on vit le comte de Dunois,
le seigneur de La Varenne et Jacques Cœur marcher à côté les uns
des autres, et tous trois habillés de la mesme façon : ils avoient des
jacquettes de velours violet fourrées de martre, et les houssures de
leurs chevaux toutes pareilles, bordées de fin or et de soie. » Le roi
avait exigé que Jacques Cœur parût dans cette cérémonie triom-
phale dans le même costume et marchât sur la même ligne que lui
et Dunois. Ce qu'Alain Chartier ne dit pas, ce sont les sentiments
d'amertume et de remords que durent éprouver le roi et ses chevaliers à la vue de ces murs encore tout pleins de la gloire et des
malheurs de l'héroïque fille qui sauva la France. Mais, dans un cœur
ingrat, de tels sentiments peuvent-ils trouver place ?

Jacques Cœur avait rétabli l'ordre dans les finances ; il avait souvent suppléé par de fortes avances à la pénurie de l'épargne du roi
pénurie parfois bien grande, en effet, car le roi et la reine étaien
réduits à vendre leurs joyaux pour vivre : nous ne dirons pas quel
mets vulgaires composaient tout le menu du repas royal. Jacques
Cœur avait avancé les sommes nécessaires à l'importante négocia
tion de Turin pour faire cesser le schisme d'Amédée de Savoie, qui
s'était fait pape sous le nom de Félix V ; Jacques Cœur fut l'un des
ambassadeurs et se montra aussi habile en négociations diploma
tiques qu'en finances.

Une fidélité à toute épreuve, un dévouement sans bornes, tan
de services rendus lui donnaient de justes droits à la reconnaissance
de Charles VII, et ce prince fut plus qu'ingrat. Tandis que Jacques

et argentier du roi Charles VII, mort le 25 novembre
1456. Jacques Cœur eut un de ses frères, nommé
Nicolas, qui occupa le siége épiscopal de Luçon. Un

Cœur le représentait aux conférences de Lauzanne, et que par sa
magnificence et ses talents il s'y montrait le digne envoyé d'un roi
de France, ses ennemis, jaloux de sa faveur et convoitant sa for-
tune, conspirèrent contre lui et lui suscitèrent un procès, tissu
d'absurdité et d'iniquité. Hélas! Jacques Cœur était riche; il avait
pour juges ses accusateurs. Il fut condamné par eux, le 19 mai 1453,
à la confiscation de ses biens, meubles et immeubles, à deux cent
mille écus d'amende, à garder prison jusqu'au paiement, et au
bannissement.

Selon MM. de Castelnau, Jacques Cœur, après son jugement et sa
condamnation, fut fait prisonnier par arrêt du parlement, en date
du 20 mai 1454. On lit dans l'arrêt de confiscation : « Qu'on saisi-
rait sa maison de Marseille, sise sur le port. » On arrêta ses galères,
galéasses, galions et navires, ce qui marque une puissance immense
sur la mer et sur les côtes de Provence.

Jacques Cœur trouva dans ses nombreux commis une droiture
et une générosité qui le dédommagèrent des persécutions intéres-
sées des courtisans et de l'injuste oubli de son roi. Ils se cotisèrent
presque tous, pour l'aider dans sa disgràce. L'un d'entre eux,
nommé Jean de Village, qui avait épousé sa nièce, l'enleva du
couvent des Cordeliers de Beaucaire, où il avait été transporté de
Poitiers, et lui facilita le moyen de se rendre à Rome. Le pape Ca-
lixte III lui ayant donné le commandement d'une partie de la flotte
qu'il avait armée contre les Turcs, il mourut en arrivant à l'île de
Chio, le 25 novembre 1456, et fut inhumé dans l'église des Cordeliers.

Louis XI ordonna la révision de son procès; sa mémoire fut
réhabilitée, Chabannes de Dammartin, son délateur et son juge,
condamné à la restitution des biens de sa victime, qu'il s'était fait
donner d'avance par le faible et ingrat Charles VII. Nous avons
dit que Louis XI nomma l'un des fils de Jacques Cœur son échanson, et l'autre, Jean Cœur, archevêque de Bourges; il voulut que
ce fils fût le premier dignitaire ecclésiastique de la ville où le père
n'avait été que simple marchand, mais marchand dont le commerce
s'étendait dans toutes les parties du monde : en Orient, avec les
Turcs et les Perses ; en Afrique, avec les Sarrasins. Des vaisseaux,

de ses fils, Jean Cœur, fut archevêque de Bourges ;
un autre, Geoffroy Cœur, chevalier, Sgr de la Chaussée, baron de Roucy, fut échanson et maître d'hôtel
du roi Louis XI .

COEUR

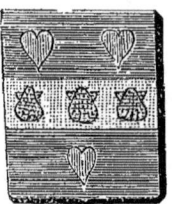

*D'azur, à la fasce d'or chargée de trois coquilles de sable,
accompagnées de trois cœurs de gueules, 2, 1 (1).*

des galères, trois cents facteurs, répandus en divers lieux, l'a-
vaient rendu le plus riche particulier de toute l'Europe. Aussi le
surnom de *petit roi de Bourges*, que lui avaient donné ses ennemis, n'était qu'une triste vérité ; car il avait plus de commis que le
roi de France n'avait de soldats. — Jean Cœur se fit estimer par son
mérite, et mourut en 1483. Il fut enterré dans sa métropole, avec
cette épitaphe, que lui-même avait choisie : *Memorare quæ mea
substantia*. Sa nomination à l'archevêché de Bourges est une des
meilleures leçons que Louis XI ait données à l'ambitieuse vanité
des nobles sans mérite personnel.

Une expédition en forme du procès scandaleux de Jacques Cœur
et de l'arrêt qui en a prononcé l'annulation est conservée dans les
archives du château de Saint-Fargeau, qui appartenait à l'illustre
argentier, et qui est l'un des domaines héréditaires de la famille
Lepelletier.

Nous devons nous féliciter que le présent ouvrage ait été l'occasion de recherches actives de la part de M. Jules-Jacques Cœur de
l'Étang, recherches dont l'effet a été l'établissement de la filiation
suivie de la famille Cœur. Nous donnons cette filiation en la pièce
cotée n° 54, d'après les renseignements fournis par cette famille.

(1) *Histoire du Berry*, par Thomas de la Thaumassière, page 322.

La devise de Jacques Cœur était : *A cœurs vail-lants, rien impossible.*

M. Jules-Jacques Cœur de l'Étang réside actuelle-ment (1869) au château de Nogent-sur-Vernisson (Loiret).

Du mariage de Jules-Jacques Cœur de l'Étang et d'Amélie-Louise de Tarade, sont issus trois enfants :

A. — Marguerite-Ange Cœur de l'Étang, née à Saint-Maurice-sur-Aveyron (Loiret), le 6 mai 1848.

B. — Jacques-Henri Cœur de l'Étang, né à Saint-Maurice, le 18 février 1850.

C. — Marie-Thérèse Cœur de l'Étang, née à Nogent-sur-Vernisson (Loiret), le 11 novembre 1852.

2° Odile-Marie de Tarade, né le 15 mars 1829, trésorier-payeur de la guerre. Il a fait les campagnes de Crimée(1), d'Italie (2), du Mexique, de 1862 à 1867 (3), et de Rome, commencée en 1867 (4).

Son zèle et son intelligente activité lors de la campagne d'Italie lui valurent la croix de la Légion d'Honneur (5), et l'empereur du Mexique, Maximi-lien, appréciant son dévouement et ses services, lui conféra successivement la croix de Chevalier (6), puis

(1) La médaille commémorative lui a été accordée le 25 mai 1857.
(2) Le décret impérial lui accordant la médaille commémorative est daté du 11 août 1859, et contre-signé Darricau.
(3) La date de l'autorisation pour la médaille commémorative est du 29 août 1863. Le décret est contre-signé Achille Fould.
(4) La médaille de Mentana lui a été accordée par décret du 24 avril 1868.
(5) Voir le brevet ou la pièce cotée n° 55.
(6) Voir le brevet ou la pièce cotée n° 56.

celle d'Officier de l'Ordre impérial de Notre-Dame-de-Guadalupe (1).

Ayant été nommé payeur en chef de l'expédition française dans les États-Romains, S. S. Pie IX a daigné lui conférer, le 14 février 1868, la croix de Commandeur de l'Ordre de Saint-Grégoire-le-Grand, dont le brevet se trouve en la pièce cotée n° 58.

L'état authentique de ses services se trouve mentionné en la pièce cotée lettre J.

Par un rapprochement intéressant entre Odile de Tarade et son arrière-grand-oncle Jean de Rotrou, nous voyons Odile de Tarade, lors de l'expédition du Mexique, passer huit mois à la Vera-Cruz, rester courageusement à son poste pendant une affreuse épidémie, quand tout le monde et même ses frères d'armes tombaient autour de lui ou fuyaient épouvantés. Comme le grand magistrat, le grand poète, le petit neveu fut frappé....

La fièvre jaune l'atteignit; mais Dieu ne permit pas qu'il fût victime de ce climat malsain, sous lequel il passa six longues années; et pendant sa maladie, le courageux jeune homme ne cessait d'écrire à sa famille les lettres les plus rassurantes. Ce fut plus tard seulement que la douloureuse vérité fut connue.

La Providence a daigné le protéger aussi sous les glaces et les neiges de la Crimée; et lors de la cam-

(1) Voir le brevet ou la pièce cotée n° 57.

pagne d'Italie, les champs poudreux de la Savoie ne
furent pas non plus semés de roses pour lui. Mais
le caractère d'Odile, fortement trempé, est digne de
ses ancêtres, et ce brave jeune homme accepte courageusement, et quels qu'ils soient, les hommes,
les choses et les événements.

3° Céline-Joséphine de Tarade, née au château de
Corbeilles (Loiret), le 26 octobre 1832.

4° Gaston-Augustin de Tarade, né au même château, le 10 avril 1835.

Nous avons vu qu'Augustin-Nicolas-Alfred de
Tarade était entré au service le 15 juillet 1814, et
qu'il avait commencé sa carrière militaire par un
emploi de Garde-du-Corps de S. A. R. Monsieur,
comte d'Artois, compagnie d'Escars. Cet emploi lui
donnait le grade de sous-lieutenant, ainsi que le
constate le brevet coté n° 52.

Il a accompagné les princes jusqu'à la frontière,
où il a été licencié le 26 mars 1815.

Au retour du roi, Augustin-Nicolas-Alfred de
Tarade a été réintégré dans son corps le 9 juillet 1815.

Le 24 janvier 1816, il a été nommé sous-lieutenant au régiment de cuirassiers du Dauphin (2° de
l'arme). Le brevet est signé duc de Feltre.

Le 11 avril 1821, il est nommé à un emploi de
son grade au 1er régiment de cuirassiers de la garde
royale, ce qui lui donne le rang du grade supérieur,
c'est-à-dire de lieutenant. Le brevet est signé marquis V. de Latour-Maubourg.

L'extrait authentique de son état de services se trouve en la pièce cotée lettre I. Démissionnaire le 29 novembre 1822, il fut nommé, par un arrêté de M. le marquis de Foresta, préfet du département du Loiret, en date du 9 juin 1830, capitaine d'une compagnie de pompiers qu'il organisa dans la commune de Corbeilles, et qu'il commanda pendant trente-deux ans. Durant ce laps de temps, il conduisit sa compagnie au feu soixante-et-dix-neuf fois, prodiguant nuit et jour ses soins aux malheureux incendiés. Dévouement obscur et ignoré, mais bien apprécié de ses concitoyens reconnaissants. L'approbation de cette nomination par M. de Peyronnet, ministre de l'intérieur, est du 21 juin 1830.

M. Augustin-Nicolas-Alfred de Tarade fut nommé maire de la commune de Corbeilles, le 11 août 1840, et occupa ce poste jusqu'en 1848; suivant l'exemple que son père lui avait laissé dans l'exercice de ces honorables fonctions, il s'appliqua à les faire tourner au profit de ses administrés, et n'y vit constamment que de nouvelles occasions de faire le bien.

Il réside actuellement (1869) au château de Corbeilles, sis dans ladite commune.

Il a publié en 1828 un petit ouvrage fort estimé des horticulteurs, et ayant pour titre : *Culture des rosiers écussonnés sur églantiers* : Paris, Rousselon, 1828, in-8°.

VIIe. — TARADE (Arthur-Sixte-Nicolas de), né le 19 mars 1823, a épousé, le 10 février 1847, à Paris, Anne-Caroline-Clémence de Varieux, née à la Guadeloupe, le 15 janvier 1831, fille de Paulin-Benjamin-Elisabeth de Varieux et d'Alexandrine-Perrine-Sophie de Courtemanche de La Clémandière.

La famille de Varieux est une des premières qui se sont établies à la Guadeloupe, en 1677. Elle a fourni un conseiller au Parlement de Bretagne, sous le règne de Louis XVI, et elle s'est constamment alliée aux maisons les plus distinguées de cette province et de la Guadeloupe, entre autres, à celles de Courtemanche de La Clémandière, de Maupertuis, Pinel de Brinon, de Vipart de Silly, de Vaujaulieu, de Bouders, et de Goyon de Matignon.

De Varieux

De sinople, à neuf billettes d'argent, posées 4, 2 et 3 ; sur le tout, d'argent à la bande d'azur.

De son mariage avec Anne-Caroline-Clémence de

Varieux, Arthur-Sixte-Nicolas de Tarade a eu trois enfants :

1° Augustine-Zoé-Clémence-Sophie de Tarade, née à Paris, commune de Passy, le 27 décembre 1847 ;

2° Arthur-Jacques-Odile de Tarade, né à Paris, commune de Passy, le 11 octobre 1854 ;

3° Arthur-Jean-Sébastien-Émile-Marie Odile de Tarade, né à Paris, commune de Passy, le 10 août 1857.

Arthur-Sixte-Nicolas de Tarade a fait exécuter avec le plus grand succès, aux Champs-Élysées, à Paris, le 15 août 1862, par les musiques réunies des Guides, de la Gendarmerie, du 1er régiment des Grenadiers de la Garde impériale, et de la Garde de Paris, le bel hymne national : *Vive la France !* dont il avait composé les paroles et la musique. Il reçut à cette occasion, de Sa Majesté l'Empereur, une très-belle médaille en argent, de grand module (7 centimètres de diamètre sur 5 millimètres d'épaisseur), portant d'un côté l'effigie de S. M. l'Empereur Napoléon III, et de l'autre ces mots, entre deux guirlandes de laurier : *Donné par l'Empereur à M. de Tarade*. Cette médaille était accompagnée d'une lettre de S. Exc. le ministre de la Maison de Sa Majesté, dont nous donnons le texte au n° 59.

Nous avons reproduit, sous le n° 60, les paroles de cette remarquable pièce de poésie.

§ III⁰. — Branche d'Autremont.

II⁰ — TARADE (Jacques de), écuyer, né en 1640 (fils de Jean Tarade et de Marguerite de Villedot des Forges, rapportés au I⁰ʳ degré du § I⁰ʳ), major de la ville de Dôle, brigadier des armées du roi, directeur des fortifications d'Alsace, chevalier de l'Ordre royal et militaire de Saint-Louis, chevalier des Ordres de Saint-Lazare et du Mont-Carmel, fut un des ingénieurs militaires les plus distingués du règne de Louis XIV. Il fortifia Pignerol et La Pérouze en Piémont, ainsi que les villes de Belle-Isle, du Quesnoy, de Nancy, de Saverne, de Haguenau, d'Ath, de Fribourg, de Schlestadt, de Fort-Louis-du-Rhin, de Neuf-Brisach, de Belfort, d'Huningue, de Charleroi, de Strasbourg, etc.

Il obtint du roi Louis XIV, en janvier 1683, des lettres de noblesse, pour sa belle défense de la ville de Charleroi, sous le comte de Montal, et pour un grand nombre d'autres travaux considérables, tels que ceux que nous venons de citer, et ceux qu'il fit faire au Louvre et à Versailles. Nous avons donné le texte de ces lettres en la pièce cotée n° 2. Les états de service authentiques de Jacques de Tarade sont reproduits sous la lettre K.

Il fut reçu *ad honores*, le 15 février 1686, chevalier de Saint-Lazare de Jérusalem, et exonéré des droits de passage. Ses armes ont été peintes, à ce titre, par Mᵉ Vincent Thomassin, avocat au Parle-

8

ment de Paris, Garde-Armorial des Ordres royaux, militaires et hospitaliers de Notre-Dame du Mont-Carmel, de Saint-Lazare, de Jérusalem, Bethléem, Nazareth, etc., dans le splendide *Armorial*, dressé en 1744 par ordre de S. A. R. le duc d'Orléans, alors Grand-Maître (2 *vol. in-f°*, *Cabinet des Titres*, n° 19. *Bibliothèque Impériale de Paris*.) Il est auteur d'un *Traité des fortifications*, ouvrage fort estimé.

Ses connaissances en architecture religieuse n'étaient pas moins étendues que celles qu'il possédait dans l'art des fortifications. On lui doit un remarquable travail, justement recherché, et qui a pour titre : *Dessins de toutes les parties de l'église de Saint-Pierre de Rome*. Cet ouvrage, format in-f°, dédié au roi, se compose de magnifiques gravures en taille douce offrant les plans, profils et élévations des diverses parties de la célèbre basilique, et des plans de comparaison avec ceux des cathédrales de Notre-Dame de Paris et de Strasbourg. Il en a été publié deux éditions. La famille de Tarade possède deux exemplaires de cet ouvrage. Deux autres se trouvent à la Bibliothèque Impériale.

C'est de cet ouvrage qu'est tiré le portrait de Jacques de Tarade, gravé par Seüpel, et placé en frontispice au commencement de la présente notice.

Jacques de Tarade épousa Marie Lanier de La Caüle. Il mourut le 9 janvier 1722.

Nous donnons une photographie du plan de Philisbourg, tracé et signé par lui en 1697. Il est de tradition, dans la famille, que les travaux de tranchée indiqués au crayon sur ce plan, ont été tracés par Vauban (1).

LANIER

D'Hozier, en son manuscrit, page 800, n° 136 (Alsace), écrit : Marie Lanier, femme de N. Tarade, ingénieur en chef et directeur des fortifications de la province d'Alsace, porte : *D'azur à un chevron d'argent, accompagné de trois étoiles de même.*

Du mariage de Jacques de Tarade avec Marie Lanier (2) sont issus quatre enfants :

1° Jacques-Gabriel de Tarade, qui suit ; il est désigné dans l'extrait authentique de ses services, émané du ministère de la guerre (3), sous le nom de Tarade fils ; né le... mort le 10 juin 1717. Voir ledit extrait de services sous la lettre L.

2° N. de Tarade, désigné dans l'extrait authentique de ses services, lettre M (4), sous le nom du chevalier Tarade.

3° Une fille, mariée à Antoine du Portal, chevalier de l'Ordre royal et militaire de Saint-Louis,

(1) Voir à l'appendice pour Marie Lavier de la Caûle, désignée aussi comme femme de Jacques de Tarade.

(2) Archives de la famille de Tarade de Corbeilles.

(3) Archives de la famille de Tarade. — (4) *Idem.*.

directeur des fortifications d'Alsace, brigadier des armées du roi.

Jean-Jacques du Portal, né de ce mariage, fut lieutenant-général des armées du roi, directeur-général des colonies françaises de l'Amérique, directeur des fortifications de la Normandie, et grand-croix de l'Ordre royal et militaire de Saint-Louis. Il épousa, en premières noces, la fille du baron de Zurlauben, lieutenant-général, grand-croix de l'Ordre royal et militaire de Saint-Louis.

Antoine Du Portal ou Du Portail,
Ingénieur ordinaire du Roi, à Belfort.

D'azur, à un portail d'or, et une lance d'argent posée en pal qui traverse le cintre du portail (1).

De Zurlauben

Écartelé, aux 1 et 4 d'or, à la tour de sable, aux 2 et 3 d'azur;

(1) D'Hozier, Alsace, p. 151.

au lion d'argent, adextrée en chef d'une fleur de lis d'or; sur le tout, d'azur, à une fleur de lis d'or. — (*Armorial des principales maisons et familles du royaume*, par Dubuisson, t. II, p. 131).

En secondes noces, Jean-Jacques du Portal épousa N. Rault de Rampsault, fille de N. Rault de Rampsault, maréchal de camp, directeur des fortifications de la Flandre française, et sœur de N. de Rampsault, brigadier des armées du roi, directeur des fortifications de la Meuse, commandant des Écoles du génie, et lieutenant du roi à Mézières.

RAULT DE RAMPSAULT,
A Valenciennes.

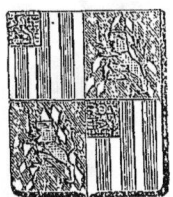

D'argent, à trois pals de gueules au franc quartier de sable, chargé d'un lion d'or, armé et lampassé de gueules, écartelé de sinople au chevron fuselé de deux traits d'argent; sur le tout un lion d'or, tenant de la patte dextre une épée d'argent garnie d'or à l'orle de huit fleurs de lis d'argent (1).

5° Martin-Antoine de Tarade, écuyer, conseiller du roi, auditeur à la Chambre des Comptes.

Il eut deux filles non mariées.

(1) *Dictionnaire généalogique, héraldique, etc.,* contenant l'origine et l'état actuel des premières maisons de France, etc. (Paris, Duchesne, libraire, rue Saint-Jacques, AU TEMPLE DU GOUT. MDCCLVII.)

IIIe TARADE (Jacques-Gabriel de), écuyer, né à Strasbourg, le 29 janvier 1683, chevalier des Ordres de Saint-Lazare et de Notre-Dame du Mont-Carmel, gentilhomme ordinaire du roi, ingénieur au Corps royal, en 1708, capitaine d'infanterie, fut nommé subrogé-tuteur des enfants mineurs de Sébastien de Tarade, par sentence rendue à Paris le 1er février 1727 et dont nous donnons le texte au n° 7.

Le 6 mars 1734, il épousa, à Paris, Louise Du Pont du Vivier, élève de la maison Royale de Saint-Cyr, fille de François Du Pont du Vivier, écuyer, et de Marie d'Autremont (1).

Du Pont du Vivier

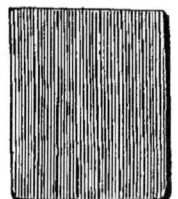

De gueules (2).

De ce mariage sont issus douze enfants, dont sept morts en bas âge, les autres sont :

1° Jacques-Louis de Tarade, mousquetaire du roi (de la première compagnie). On le trouve mentionné avec cette qualité dans le contrat de mariage

(1) *Dictionnaire héraldique* de Jacques Chevillard.
(2) Archives de la famille de Tarade.

d'Odile-Sébastien de Tarade et de Nicole Dubois de Chantrenne, passé à Paris, le 20 janvier 1759 (Archives de la famille). Il mourut célibataire.

2° Jacques-François-Marie de Tarade d'Autremont, chevalier, marquis de Malestros, seigneur de Postmogüer et de Quémarra, en Bretagne, capitaine des vaisseaux du roi, chevalier de l'Ordre royal et militaire de Saint-Louis. Voir à la lettre N le brillant état authentique de ses services.

Nous extrayons des *Mémoires* du chevalier Aristide Aubert du Petit-Thouars, et consignons sous le n° 61, le passage suivant (1779), qui rend un éclatant hommage à la bravoure de M. de Tarade d'Autremont.

Jacques-François-Marie de Tarade d'Autremont participa à l'affranchissement des provinces anglaises d'Amérique, qui sont devenues les États-Unis.

Il n'eut pas d'enfants de son mariage avec N. de Malestros de Quémarra (d'une famille ancienne, originaire de la Basse-Bretagne).

De Malestros de Quémarra

De gueules, à un annelet d'or entouré de huit besans de même, en orle.

3° Marc-Louis de Tarade. Il fit la guerre d'Amérique contre les Anglais et mourut en 1763, à Cayenne, où il commandait les troupes nationales.

4° Marie-Anne-Odile de Tarade, mariée à Étienne-François Giraud des Écherolles, chevalier de l'Ordre royal et militaire de Saint-Louis, lieutenant-colonel au régiment provincial de Bourbonnais, puis maréchal de camp.

De ce mariage sont issus sept enfants dont quatre morts en bas âge. Les autres sont :

A. — N. Giraud des Écherolles, officier de cavalerie;

B. — N Giraud des Écherolles, officier dans les équipages d'artillerie;

C. — Étiennette-Alexandrine Giraud des Écherolles, dame d'éducation des enfants du roi de Wurtemberg (1).

(1) Nous trouvons dans la remarquable *Histoire des Girondins*,

Marie-Anne-Odile de Tarade, femme d'Étienne-François Giraud des Écherolles, mourut en 1785.

GIRAUD DES ECHEROLLES

De gueules, au puits d'argent d'où sortent deux palmes en bande

par M. de Lamartine, des détails trop touchants et trop intéressants sur Étiennette-Alexandrine Giraud des Écherolles pour les passer sous silence; nous copions textuellement... (Il s'agit du siége de Lyon par les républicains, et des massacres dont cette malheureuse ville fut souillée) :

« ... Au nombre de ces victimes suppliciées dans leur corps ou dans leur âme avant l'âge du crime, on remarquait Mlle Alexandrine des Écherolles, privée de sa mère par la mort, de son père par la fuite; elle venait chaque jour à la porte de la prison des Récluses solliciter, par ses larmes, la permission de voir la tante qui lui avait servi de mère, et qu'on avait jetée dans les cachots. Bientôt elle la vit conduire au supplice et la suivit jusqu'au pied de l'échafaud, demandant en vain de lui être réunie dans la mort. On dut, plus tard, à cette enfant quelques-unes des pages les plus dramatiques et les plus touchantes de ce siége. Semblable à cette Jeanne de la Force, historienne des guerres de la religion de 1622, et à l'héroïque et naïve Mme de La Rochejaquelein, elle écrivit avec le sang de sa famille et avec ses propres larmes le récit des catastrophes auxquelles elle avait assisté. Les femmes sont les véritables historiens des guerres civiles, parce qu'elles n'y ont jamais d'autre cause que celle de leur cœur, et que les souvenirs y conservent toute la chaleur de leur passion. » (De Lamartine, *Hist. des Girondins*, t. VII, 5e édition, 1848, p. 179.)

et en barre, de même; au chef cousu d'azur, à une fleur de lis
d'or chargée d'un bâton péri en bande, du champ. (Recueil d'ar-
moiries des maisons nobles de France, par H. Gourdon de Genouillac, p. 221).

5° Anne-Marguerite-Andrée de Tarade, mariée en
1761 à Denis-François-Nicolas de Cappy, né le 29
juin 1728, chevalier de l'Ordre royal et militaire de
Saint-Louis, lieutenant-colonel au régiment de Piémont-cavalerie. Le 4 septembre 1778, elle donna,
ainsi que son mari, la quittance dont le texte se
trouve rapporté au n° 62.

Du mariage de Denis-François-Nicolas de Cappy et
d'Anne-Marguerite-Andrée de Tarade sont issus :

A. — François-Marie de Cappy, né à Oiry, le 17
octobre 1765, mort en bas âge.

B. — N. de Cappy, qui épousa le vicomte de Lambertye.

Messire Jean-François de Cappy, écuyer, seigneur
d'Oiry, Athis, l'Estrée, Bussy-l'Estrée, commissaire
ordinaire des guerres, conducteur-général de la
cavalerie légère, avait épousé Françoise-Denise-Thérèse Le Musnier de Lartige.

De ce mariage est issu Jean-François-Florimond
de Cappy, écuyer, seigneur d'Oiry, également commissaire des guerres et conducteur-général de la
cavalerie légère, puis commissaire de noblesse pour
l'élection d'Épernay, marié à Châlons (Marne) par
contrat du 12 septembre 1727, à Marie-Louise
Dubois, née en 1707, tante de Messires Dubois de

Chantrenne, Dubois de Crancé et de Nicole Dubois, épouse d'Odile-Sébastien de Tarade.

De ce mariage :

1° Denis-François-Nicolas de Cappy, né le 29 juin 1728, capitaine, puis colonel du régiment de Piémont-cavalerie, chevalier de l'Ordre royal et militaire de Saint-Louis, qui, comme nous l'avons dit, épousa Anne-Marguerite-Andrée de Tarade.

2° François-Louis de Cappy, prêtre, curé de Frignicourt, chanoine régulier de la Congrégation de France, prieur de l'abbaye royale de Saint-Denis de Reims ;

3° Marie-Anne de Cappy, née en 1733, décédée le 4 avril 1749, et inhumée dans la chapelle de la Vierge à Saint-Hilaire d'Oiry ;

4° Jean-Baptiste-Marie-Joseph de Cappy, chevalier, seigneur d'Oiry, Montois-la-Montagne, dit le marquis de Cappy, chevalier de l'Ordre royal et militaire de Saint-Louis, colonel du régiment d'Armagnac, depuis 6° de ligne, colonel commandant la 3° division de la garde constitutionnelle à pied de S. M. Louis XVI, filleul de Jean-Baptiste Dubois de Chantrenne, beau-père d'Odile-Sébastien de Tarade ; né à Oiry, le 19 mars 1736, mort à Montois-la-Montagne (Moselle), le 17 septembre 1813, marié le 22 juillet 1770, à Charlotte-Françoise-Louise de Sailly, fille d'Henri-François, marquis de Sailly, seigneur de Montois-la-Montagne, Bois-Leschelle, Roses, etc., bailly d'épée de Longuyon, et de Marguerite-Gabrielle de Fay d'Athies ; dont postérité,

en ligne masculine, par MM. de Cappy d'Autriche
et de Hongrie : Henri, comte de Cappy, chambellan
impérial et royal, colonel de Savoie-dragons, et premier aide de camp de l'archiduc Albert d'Autriche,
commandant-général des armées autrichiennes.

Du mariage d'Anne-Marguerite-Andrée de Tarade
et de Denis-François-Nicolas de Cappy, sont nés : un
fils, François-Marie de Cappy, né à Oiry, le 17 octobre 1765, mort en bas âge, et une fille, qui épousa
le vicomte de Lambertye.

La famille de Cappy est originaire de Mantoue (1).
Elle vint s'établir en France en 1628, époque à
laquelle un de ses membres fut pourvu de la charge
de commissaire des guerres. En 1789, Jean-François-
Denis de Cappy, seigneur d'Oiry, d'Athis, de Bussy,
de la Cheppe, de Cuperly, ancien capitaine au régiment Royal-Champagne, chevalier de l'Ordre royal
et militaire de Saint-Louis, — et César-Marie de
Cappy, chevalier, seigneur du grand et du petit
Écury, de Bussy et de Lettrée, comparurent à l'Assemblée électorale de la noblesse du bailliage de
Châlons-sur-Marne (2).

Denis-François-Nicolas de Cappy, écuyer, seigneur d'Oiry, commissaire de la noblesse (mari
d'Anne-Marguerite-Andrée de Tarade), comparut, à

(1) Voir les pièces cotées n° 63, pour les preuves de noblesse de
la famille de Cappy.
(2) *Catalogue des gentilshommes de Champagne* (États-Généraux
de 1789), par L. de la Roque et E. de Barthélemy, pages 7, 8, 53.

la même date, à l'Assemblée électorale de la noblesse du bailliage de Vitry-le-Français (1).

De Cappy

*D'azur, au chevron d'or, accompagné de trois merlettes de
même, posées deux en chef et une en pointe.*

La maison de Lambertye est originaire du Péri-
gord, où elle est connue dès le xii° siècle. Elle a
donné un lieutenant-général des armées, des chevaliers des Ordres du roi, quatre maréchaux de camp,
des mestres de camp, des capitaines d'hommes d'armes, un brigadier des armées du roi, cinq lieute-
nants-colonels, dont un sous-lieutenant des Gardes-
du-Corps du roi de S. M. Louis XVI, compagnie
écossaise, vingt-sept capitaines de cavalerie et d'infanterie, des gouverneurs de places, des chevaliers
de Malte, etc... Une branche a occupé les plus hautes
charges en Lorraine, comme celles de maréchaux
de camp de Lorraine et de Barrois, de grands·
baillis de Nancy et de Lunéville, de chambellans, ·

(1) *Catalogue des gentilshommes de Champagne* (États-Généraux
de 1789), par L. de la Roque et E. de Barthélemy, p. 7, 8, 53.

premiers gentilshommes de la Chambre des ducs de Lorraine et du roi de Pologne. De 1590 à 1774, vingt et un personnages du nom de Lambertye ont été tués au service (1).

Par lettres du 1ᵉʳ juin 1664, la châtellenie de Lambertye, la baronnie de Montbrun et les terres de Miallay et de Rensol furent érigées en comté en faveur de Gabriel de Lambertye, baron de Montbrun, maréchal des camps et armées du roi et .chevalier de son Ordre, commandant en chef dans les villes et citadelles de Nancy et de Metz (2).

La baronnie de Cons-la-Grandville fut érigée en marquisat en faveur de Nicolas-François, comte de Lambertye, baron de Biencourt, lieutenant-général des armées du roi, chambellan et premier gentilhomme de la chambre de S. A. R. le duc Léopold de Lorraine, grand bailli de Lunéville, colonel des deux compagnies des Gardes-du-Corps du roi de Pologne, duc de Lorraine et de Bar (3).

La famille Le Musnier est ancienne : son nom est tantôt écrit Le Musnier, Le Meusnier et même Meunier. Elle a fourni des Conseillers et Présidents aux Cours souveraines de Paris, de Rouen et de Metz (Voyez Blanchard, E. Michel et autres historiens spéciaux); seigneurs de Lartige, de Nantouillet, de Moulineuf, Tasnier, La Jousselinière, Rubelles, Saint-Prix, La Trémouille, etc.

(1) *Dictionnaire de la noblesse,* par La Chesnaye-des-Bois, page 391 et suivantes. — (2) *Idem.* — '3) *Idem.*

Principales alliances depuis 1650 : de Benoît, de Brisart, de Cappy, Le Jumel d'Ecquemauville et de Barneville, de Lameth ; de La Place, des seigneurs de la Brosse, Malherbe de Maraimbois, de Laval (barons de La Faigne), Le Leu, Morot, Raudot, de Réty de Villeneuve, etc.

Jacques Le Musnier, chevalier, seigneur de Nantouillet, dit le marquis de Lartige ; conseiller en la Grand'chambre du Parlement de Paris, etc., a eu trois enfants de Denise Le Leu :

1° Jacques-François Le Musnier, chevalier, seigneur de La Jousselinière ;

2° Françoise-Denise-Thérèse Le Musnier, mariée à François de Cappy, chevalier, seigneur d'Athis, Oiry, etc. ;

3° Marie-Françoise Le Musnier, mariée à Balthazar de La Place, chevalier, seigneur de La Brosse.

Rose Le Musnier de Moulineuf, demeurant à Metz, et âgée de 88 ans, veuve de Pierre-Marie-François Malherbe, représente la famille Le Musnier. Elle est mère des feus Adolphe Malherbe, ancien officier d'Etat-Major, Bibliothécaire de la ville de Metz, chevalier de la Légion d'honneur, et enfin de Charles Malherbe, général d'artillerie, commandeur de la Légion d'honneur, récemment nommé adjudant-général des palais impériaux.

DE FAY D'ATHIES

. *D'argent, semé de fleurs de lis de sable.*

DE SAILLY

D'or, au pal de gueules, chargé de trois étoiles d'argent.

LE MUSNIER DE LARTIGE

D'azur, au chevron d'or (quelquefois d'argent), accompagné de trois meuniers ou poissons d'argent, deux en chef et un en pointe.

Ces trois armoiries se trouvent plusieurs fois blasonnées dans les registres de l'armorial dressé en exécution de l'édit de novembre 1696.

Anne-Marguerite-Andrée de Tarade avait eu pour nièce et pour filleule Anne-Philiberte de Cappy, épouse de Niel, dont les deux petites filles, Charlotte-Camille-Isabelle d'Esménard et Antoinette-Philiberte-Adolphine d'Esménard, ont été successivement mariées : la première (décédée le 3 avril 1855), le 2 octobre 1847; et la seconde, le 11 mars 1865, à Oscar-Jean-Henri-Auguste, chevalier de Sailly, ancien élève de l'École Polytechnique, aujourd'hui chef d'escadrons à l'État-major de l'artillerie, officier de la Légion d'honneur, etc., fils d'Hubert-Augustin, chevalier de Sailly, ancien officier supérieur d'État-major, chevalier de l'Ordre royal et militaire de Saint-Louis, officier de la Légion d'honneur, etc., et de Julie-Henriette-Virginie Dehée; enfin l'un de ses deux petits fils, Jean-Olivier-Gustave d'Esménard, élève de Saint-Cyr, capitaine adjudant-major du 17ᵉ bataillon de chasseurs à pied, est décédé à Péra de Constantinople, le 12 août 1855, des suites des blessures reçues, le 7 juin précédent, à l'attaque des dehors de Sébastopol, laissant veuve sans enfants, Albertine-Sophie-Auguste-Lydie de Sailly, sœur unique du chevalier de Sailly.

TITRES ET PIÈCES A L'APPUI.

N° 1 (Voir page 21).

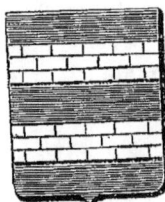

Paris, registre 6e, n° 418.

Par Ordonnance rendue le 16ᵉ du mois de juillet de l'an 1700, par MM. les Commissaires-généraux du Conseil, députés sur le fait des armoiries.

Celles de Jean Odile Tarade, telles qu'elles sont ici, peintes et figurées, après avoir eté reçues, ont été enregistrées à l'Armorial général, dans le registre coté : Paris, en conséquence du paiement des droits réglés par les tarifs et arrêts du Conseil, du 20ᵉ novembre de l'an 1696, en foi de quoi, le présent brevet a été délivré à Paris par Nous, Charles d'Hozier, Conseiller du Roi et garde de l'Armorial général de France, etc.

Signé : D'HOZIER (1).

Les armes de divers membres de la famille de Tarade ont été enregistrées dans l'*Armorial général de France* (Recueil

(1) L'original de ce brevet est déposé aux archives du département du Loiret.

officiel dressé en vertu de l'édit de 1696, et conservé à la Bibliothèque impériale). Voici des extraits de ce recueil, relatifs à la famille :

Alsace, page 800, n° 136. Marie Lanier, femme de N. Tarade, ingénieur en chef et directeur de la province d'Alsace, porte : d'azur à un chevron d'argent, accompagné de trois étoiles de même (Voir page 103).

Paris. T. I, p. 764. — Odile Tarade, architecte et entrepreneur des bastimens du Roy, porte : d'azur à deux faces d'argent, maçonnées de sable.

Ibid. p. 994. — Antoine Tarade, conseiller du Roy, auditeur en ladite chambre, porte : d'azur à deux faces d'argent, maçonnées de sable.

Ibid. T. II, p. 744. — Jacques Tarade, escuyer, major de Dol, directeur des fortifications des places d'Alsace, porte : d'azur à deux faces d'argent, maçonnées de sable de trois traits.

Ibid. T. III, p. 227. — Jean Odile Tarade, conseiller au Châtelet, porte : d'azur à deux faces d'argent maçonnées de sable.

Dans le même recueil ont été enregistrées les armes de deux autres personnages portant également le nom de Tarade.

Ces deux personnages appartiennent-ils à la famille dont nous nous occupons ici? C'est là un point sur lequel, dans l'état présent de nos recherches, nous ne saurions nous prononcer d'une manière positive. Voici les extraits qui les concernent :

Béarn, page 86. — Jacques de Tarade, seigneur de Barincou, porte : *de sable à un écusson lozangé d'argent et de sinople.*

La Rochelle, page 402. — N. Tarade, prestre, chanoine de Taillebourg, porte : *de gueules à un calice d'or.*

Nº 2 (Voir pages 23, 25 et 101).

Direction générale des archives de l'Empire.

—

Nºˢ 21, 205.   SECTION LÉGISLATIVE ET JUDICIAIRE.

———

PARLEMENT DE PARIS:

Lettres de noblesse pour le sieur Tarade (1).

Louis, par la grâce de Dieu, Roy de France et de Navare, à tous présens et à venir, salut. Comme il n'y a rien qui excite davantage les hommes à embrasser la vertu, ny qui les porte avec plus de chaleur à rendre des services utilles à leurs souverains et à leur patrie que les marques d'honneur qui leur sont données pour récompense de leur mérite, et qui les distinguant du commun, font rejallir leur gloire sur toute leur postérité, aussi, Nous avons toujours pris soin à l'exemple des Roys nos prédécesseurs d'honorer du tiltre de noblesse ceux de nos subjets qui s'en sont rendus dignes par leurs belles actions et par leur fidélité, affin que cette grace estant pour eux un juste salaire, elle soit encore pour les autres un object d'émulation, qui en leur inspirant le désir d'acquerier le mesme honneur, leur fasse tenir aussi les mesmes voyes par lesquelles ils ont veu que leurs prédécesseurs y sont montéz. Et d'autant que Nous sommes bien informéz que Jaque Tarade l'un de nos architectes et ingénieurs ordinaires nous a rendu de bons et utiles services depuis l'année mil six cent soixante deux qu'il aurait été chargé de la conduitte des architectures .

(1) Cette pièce étant transcrite textuellement, l'orthographe et les irrégularités qui se trouvent sur la copie authentique ont été conservées.

de nos Maisons Royales, du Louvre à Paris et de Versailles, dont il se serait acquité avec beaucoup de vigilance et d'exactitude pendant ladit année mil six cent soixante-deux et les deux suivantes, et aurait commencé à nous donner dans ces fonctions des preuves de sa capacité et de sa fidélité, ce qui nous aurait convié en mil six cent soixante cinq de l'envoier en Piedmont pour prendre soin de la conduite des fortiffications de Pignerol et du fort de la Pérouze, dont estant de retour, Nous luy aurions tesmoigné la satisfaction que nous avions receu de ses soins et du compte exact qu'il venoit lors de nous rendre de l'estat auquel estoyent lesdites fortiffications. Qu'ayant en mil six cent soixante six donné ordre audit Tarade de suivre l'armée que nous commandions en personne en Flandres, il auroit esté emploié cette campagne à faire restablir et retrancher les brèches qui estoyent au corps de la place de Charleroy, et les années suivantes à faire encore fortiffier Charleroy, Ath et le Quesnoy. Que sur la fin de mil six cent soixante onze le prince d'Orange ayant mis le siége devant Charleroy, dont la garnison estoit foible et n'avoit ny gouverneur, ny ingénieur, ledit Tarade se seroit heureusement et de son propre mouvement jetté dans la place la veille du siége, et auroit pendant iceluy fait travailler jour et nuit à restablir les dehors qui estoient ouvertes de tous costéz, et repalissader toute la contrescarpe et ce en présence des ennemys qui incommodoient fort les travailleurs, et en tuoient beaucoup du feu de leur mousqueterie, particulierement les nuits qu'ils approchoient plus prez de la place à la faveur de l'obscurité, nonobstant quoy et la rigueur de la saison qui estoit rude, la contrescarpe auroit esté fermée et tous les dehors presque entièrement restablis en quatre ou cinq jours par l'application et la diligence extraordinaire dudit Tarade qui eust en cette occasion, l'advantage qu'il n'avoit point eu dans les précédentes de donner des preuves de sa valeur et de son courage, en exposant sa vie pour nostre service et la deffense d'une place si considérable, qu'en outre les réparations susdites faictes aux dehors de ladite place, il auroit encore fait restablir tous les parapets du corps d'icelle qui n'estoient point achevéz, fait dresser et mettre en estat plusieurs batteries et embrasures, et mesme auroit esté commis pour aller reconnoistre le sieur comte de Montal gouverneur pour nous de ladite place, lorsqu'il alla se jetter dedans pour la deffendre. Qu'en mil six cent soixante douze, il auroit fait achever les fortiffications dudit Charleroy, d'Ath et du Quesnoy, et ayant reçû ordre de Nous sur la fin de l'année de faire fortiffier la vile de Nancy, elle auroit en sept mois de temps et par ses soins esté entièrement revestue. Que durant les année mil six cent soixante quatorze et mil six cent soixante quinze, il auroit pareillement pris soin des fortiffications de Brizak et Hagueneau, de Saverne et de la Petite-Pierre, et ayant ensuite receu ordre de nostre tres cher et très amé cousin le prince de Condé de travailler à un projet pour fortiffier Schlestat, il auroit si bien réussi que nous avions non-seulement approuvé le projet qu'il en avoit dressé, mais nous lui aurions encore ordonné de l'exécuter, ce qu'il auroit fait et achevé en cinq mois de temps et durant l'hyver; qu'en mil six cent soixante seize, ledit Tarade ayant suivy notre armée d'Allemagne commandée en chef par nostre tres cher et bien amé cousin le duc de Luxembourg, il se seroit trouvé à la journée de Saverne et y auroit servi utillement à faire faire plusieurs retranchemens contre les ennemys qui estoyent aux mains avec l'arrière-garde de notre dite armée et auroit esté encore occupé le lendemain à faire la mesme chose. Qu'en mil six cent soixante dix huit il auroit continué les fortiffications dudit Brizak, et quelque temps aprez ayant suivy nostre très cher et bien amé cousin le maréchal de Créquy devant Fribourg qui estoit assiégé par nostre armée que commandoit en chef notredit cousin, ledit Tarade auroit receu ordre de lui d'aller reconnoistre l'attaque du faux bourg et les retranchemens des ennemys qui estoient derrierre par le revers de la montagne entre la ville et le chasteau et ayant trouvé lesdits retranchemens mal gardez, Nostre dit cousin auroit fait donner l'assault la nuit suivante et la place ayant esté réduite à nostre obeissance, ledit Tarade auroit eu ordre de faire un projet pour la fortiffier lequel projet ayant esté approuvé, Nous aurions chargé encore ledit Tarade de son exécution ; Et depuis nous l'aurions toujours employé à faire fortiffier nòs places de guerres, mesme à faire construire la nouvelle place d'Huningue luy ayant encore donné le soin des fortiffications de la ville et citadelle de Strasbourg.

Et voulant tesmoigner audit Tarade la satisfaction entière qui nous demeure desdits services et l'en reconnoistre par une marque d'honneur qui passe à sa postérité, Scavoir faisons que pour ces causes et autres à ce nous mouvans, de nos grace specialle, pleine puissance et autorité royalle, Nous avons ledit sieur Tarade annobly et annoblissons par ces présentes signées de notre main, et du tiltre et qualité de Noble décoré et décorons, ensemble ses enfans, postérité et lignée, masles et femelles, nais et à naistre en loyal mariage, voulons et nous plaist qu'en tous lieux et endroicts, tant en jugement que dehors, ils soyent tenus, censéz et réputéz Nobles, qu'ils puissent prendre la qualité d'Escuyers et Gentilshommes, et comme tels parvenir à tous degréz de chevallerie et autres réservez à nostre Noblesse, acquérir, tenir et posséder fiefs, terres nobles et seigneuries dans l'estendue de nostre obéissance et qu'ils jouissent de tous honneurs, authoritéz, prérogatives, prééminences, priviléges, franchises, libertés, exemptions et immunitéz dont jouissent et ont accoustumé de jouir et user les autres Nobles de nostre Royaume. Et tout ainsi que si ledit Tarade estoit issu de noble et antienne race, lui permettons en outre et à sa postérité de prendre et porter leurs armoiries timbrées, telles qu'elles seront cy empreintes et réglées, par le premier hérault de nos armes, icelles faire

grayer, peindre et insculper en leurs maisons, terres et seigneuries, sans que pour raison du présent annoblissement,
ils soyent tenus de nous paier, ny à nos successeurs Roys aucune finance, ny indemnité, de laquelle, à quelque somme
qu'elle puisse monter, nous leur avons fait et faisons don par
ces dittes présentes. Si donnons en mandement à nos amés et
féaux les gens tenant nos cours de Parlement et Cour des
Aydes, Présidents et trésorier generaux de France au bureau
de nos finances estably a....... et tous autres nos justiciers et
officiers qu'il appartiendra que ces présentes nos lettres d'annoblissement ils ayent à faire enregistrer et du contenu en
icelles jouir et user le dit sieur Tarade et sesdits enfans, postérité et lignée, masles et femelles, nais et à naistre comme
dit est en loyal mariage, pleinement, paisiblement et perpé-
tuellement, cessans et faisans cesser tous troubles et empes-
chemens au contraire, nonobstans tous édicts, déclarations,
arrests, réglemens, ordonnances, lettres et autres choses à ce
contraire, auxquelles et aux dérogattoires, des dérogatoires
y contenues, nous avons dérogé et dérogeons par cesdites
présentes et sans tirer à conséquence, car tel est nostre plaisir. Et affin que ce soit chose ferme et stable à toujours, nous
avont fait mettre nostre scel à cesd. présentes, sauf en
autres choses nostre droit et l'autruy en touttes.

Donné à Versailles au mois de janvier l'an de Grâce mil six
cens quatre vingt trois et de nostre règne le quarentième.
Signées Louis et sur le reply, par le Roy, Le Tellier et scellées
du grand sceau de cire verte en lacs de soye rouge et verte, et
encore sur le reply desdites lettres est écrit : Registrées oui le
procureur général du Roy pour jouir par l'impétrant, sa
postérité et lignée, masles et femelles, de leur efet et contenu
et estre exécutées selon leur forme et teneur, suivant l'arrest
de ce jour, à Paris en parlement le dix huit mars, mil six
cent quatre vingt quatre. *Signé* : JACQUES.

La présente expédition, visée et collationnée par les deux

chefs de section dont les signatures sont ci-contre et par eux trouvée conforme à la minute qui est déposée aux Archives de l'Empire, section Législative et Judiciaire, sous la cote XI^n 8996, a été délivrée par nous, Directeur Général desdites Archives, pour servir et valoir ce que de raison. En foi de quoi, nous avons signé la dite expédition et y avons fait apposer le sceau des Archives. Fait à Paris, le neuf juin mil huit cent soixante-huit.

En marge est écrit :
Vu et collationné par
le Chef de la section Lé-
gislative et Judiciaire.
    Signé : HUILLARD-BRÉHOLLE.

Le Directeur général
des Archives de l'Em-
pire.
    Signé : Alfred MAURY.
    L. S. (1).

Vu et collationné par
le sous-chef de la sec-
tion administrative.
    Signé : E. BOUTARIC.

N° 3 (Voir page 24).

Nous, BERNARD CHÉRIN, Écuyer, généalogiste et historiographe des ordres de Saint-Michel et du Saint-Esprit, généalogiste de celui de Saint-Lazare, et en cette première qualité, commissaire du roi pour certifier à Sa Majesté la noblesse de ceux qui aspirent aux places de sous-lieutenants dans les Gardes-du-Corps et dans les régiments d'infanterie française, de cavalerie, de chevau-légers, de dragons et de chasseurs, etc.

CERTIFIONS au Roi que François-Sébastien de Tarade, né le vingt-quatre may mil sept cent soixante-deux, et baptisé le

(1) Une copie authentique de cette pièce importante existe dans les archives de la famille de Tarade.

même jour dans l'église paroissiale de Saint-Jean-Baptiste de Péronne, au diocèse de Noyon, fils d'Odile-Sébastien de Tarade, Écuyer, capitaine d'infanterie, ingénieur en chef au département de Péronne, puis de Toul, Chevalier de l'ordre de Saint-Louis, et de dame Nicole du Bois de Jonchery, son épouse, a la noblesse requise pour être reçu sous-lieutenant dans les troupes de SA MAJESTÉ. En foi de quoi nous avons délivré le présent Certificat, et l'avons signé et fait contresigner par notre Secrétaire.

A Paris, ce cinquième jour du mois de mars mil sept cent quatre-vingt-deux.

Signé : CHÉRIN.

Par Monsieur le généalogiste

et historiographe des Ordres du Roi.

Signé : BERTHIER (1).

N° 4 (Voir page 24).

NOTTE (2).

En 1781, le Roy Louis XVI fit un règlement par lequel il fut déclaré qu'aucun de ses sujets ne serait plus admis à entrer au service, qu'il n'eût préalablement prouvé quatre générations de noblesse, et M. Chérin, Généalogiste de la Cour, fut nommé Commissaire du Roy pour recevoir les dites preuves et les certifier au Roy.

En 1782, en conséquence de ce règlement, Odile-Sébastien de Tarade, ci-devant ingénieur à Toul, désirant faire entrer

---

(1) Cette pièce existe, en original, dans les archives de la famille de Tarade.

(2) Le mot est écrit avec deux t dans l'original. Règle générale : l'orthographe des pièces à l'appui sera toujours religieusement conservée.

au service ses trois fils, adressa au dit sieur Chérin ses papiers, auxquels François-Gabriel, son cousin, joignit ceux qui pouvaient lui manquer. Les preuves des Tarade furent donc faites à cette époque, et les certificats furent délivrés par le dit sieur Chérin, Généalogiste du Roy, aux trois fils du dit Odile-Sébastien.

On trouvera donc toujours chés (*sic*) M. Chérin les minutes des preuves que les Tarade firent alors, et après le dit sieur Chérin, chés ses successeurs.

N° 5 (Voir pages 26 et 52).

Extrait des registres de la p^sse St-Roch, à Paris.

L'an mil sept cent quatorze, le vingt deux juillet Odile-Sébastien, fils de Sébastien Tarade, Écuyer, cy devant officier de dragons, présent, et de Anne-Catherine Desjanots, sa femme, dem^ts rüe des Orties, en cette p^sse, né d'avant hier, a été baptisé. Le parain, Odile Tarade, Écuyer, con^er secrétaire du Roy, maison couronne de France, dem^t d^te rüe et p^sse. La maraine, D^e Catherine de la Croix, femme de Jean-Louis de Grammont, Écuyer, lieutenant colonel de cavalerie au régiment de Fontaine, dem^ts au village et p^sse de Ruelle, qui ont signé.

Collationné à l'original par moy p^tre souss., depositaire des dits registres, ce 20 jan^er 1759. Signé : Bougot.

Nous, vicaire général de Monseigneur l'archevêque de Paris, certifions que le Sr Bougot, qui a signé de l'autre part, est tel qu'il se qualifie et que foy doit être ajoutée à son seing par tout ou besoin sera. Donné à Paris le vingt-deux janvier mil sept cent cinquante neuf.

Signé : ☩ H. ☩ H., anc. Ev. de Quebec, v. g.
Par mandement,
Le S.   Signé : DE LA TOUCHE.

N° 6 (Voir pages 26 et 40).

Extrait des registres de la paroisse St-Roch, à Paris.

L'an mil sept cent dix neuf le premier du mois de may Odile Tarade ecuyer conseillier secretaire du Roy, maison couronne de France agé denviron quatre vingt trois ans, decedé hier rue des Orties en cette p^sse a eté inhumé en la cave de la chapelle de la Ste Vierge en cette eglise. Présent M. Jean-Odile Tarade ecuyer, conseillier du Roy au Chatelet, et Sebastien Tarade ecuyer, ancien officier de dragons ses deux fils, dont scavoir le premier ditte rue et p^sse, lautre rue St Roch en cette paroisse qui ont signé.

Collationné à l'original par moi Prêtre soussigné, dépositaire desdits Registres, le vingt deux juin 1769.

Signé : De Stenay.

Au verso est écrit :

Christophe de Beaumont, par la misericorde divine et par la grace du saint siege Apostolique Archevêque de Paris, Duc de Saint-Cloud, Pair de France, Commandeur de l'ordre du Saint-Esprit, Proviseur de Sorbonne etc. Nous certifions que le sieur De Stenay, qui a signé de l'autre part, est tel qu'il se qualifie et que foi doit être ajoutée à sa signature partout où besoin sera.

Donné à Paris le trente juin mil sept cent soixante neuf.

Signé : † Chr., Arch. de Paris.

Par Monseigneur,

L. S.   *Signé :* Godescard.

Nᵒ 7 (Voir pages 26, 33, 42, 52 et 106).

A tous ceux qui ces présentes lettres verront, Gabriel-Jérôme
de Buillion, chevalier, comte d'Esclimont, mestre de camp
du régiment de Provence, infanterie, conseiller du roy en ses
conseils, prevost de la ville de Paris, Salut : Scavoir faisons
que l'an mil sept cent vingt sept, le premier jour de feuvrier,
par devant nous Jérôme Dargouge, Chevalier, Seigneur de
Fleury, conseiller du Roy en ses conseils, maître des requêtes
honoraire de son hôtel, lieutenant-civil de la ville, prévôté et
vicomté de Paris, sont comparus les parens et amis de Odille-
Sébastien Taradde aagé de treize ans ou environ; Jacques-
François Taradde, aagé de dix ans ou environ, Damoiselle
Marie-Catherine Taradde aagé de sept ans ou environ, et de
Jérôme Taradde, aagé de cinq ans et demy ou environ, tous
enfants mineurs de deffunt Sébastien Taradde, escuyer, et de
dame Anne-Catherine Desjanots, son épouse, à présent sa
veuve, leurs père et mère pour donner par les dits parents et
amis, leur avis sur l'élection de tuteur ou tutrice et de
subrogé tuteur ausdits mineurs à scavoir : Jean-Odille Taradde, conseiller du Roy au Chastelet de Paris, oncle paternel, Messire Louis de Grandmont, mestre de camp de cavalerie, oncle maternel, Jacques-Gabriel Taradde, escuyer, chevalier de l'ordre de Notre-Dame-de-Mont-Carmel, gentilhomme
ordinaire du Roy, cousin-germain paternel, Messire Joseph
Martin, escuyer, brigadier des armées du Roy, cousin germain à cause de la dame son épouse, Messire Joseph Martin,
chevalier de l'ordre militaire de Saint-Louis, et capitaine des
Galliottes, cousin, Mʳᵉ Florent Jean de Vallières, escuyer,
commandeur de l'ordre militaire de St-Louis, mareschal des
camps et armées du Roy, cousin à cause de la Dame son
épouse, Jean-Augin de Villedot, escuyer, sieur de Beaujeu,
cousin, et de Messire Charles Lasnier, avocat en parlement,

allié, tous par M⁰ Julien Vautier, procureur en cette cour,
fondé de leur procuration, annexée à la minute des présentes, lequel après serment par luy fait pour la dite cons-
titutions, nous a dit qu'ils nomment la dite Dame veuve
Taradde, mère des dits mineurs pour leur tutrice et pour
subrogé tuteur le dit Jacques Gabriel Taradde lequel à son
égard se rapporte à justice, sur quoi nous ordonnons que la
dite Dame veuve Taradde, mère des dits mineurs est et leur
demeure tutrice, et le dit sieur Gabriel Taradde, pour subrogé
tuteur, lesquels comparaîtront par devant nous pour accepter
les dittes charges et faire le serment accoutumé. En témoin
de ce nous avons fait celler ces présentes, ce fut fait et
donné par nous, juge sudit, les jours et an que dessus.

Signé : TARDIVEAU.

Cellée le premier février 1727.
Reçu trente sols.

Signé : DOYARD.

Et les dits jour et an est comparu la dite dame veuve Taradde, laquelle a pris et accepté la dite charge de tutrice des
mineurs ses enfants, conformément à la sentence cy dessus,
après serment fait par elle en la manière accoutumée aux
protestations par elle faites, que la présente acceptation ne
pourra luy nuire ny préjudicier pour demander en justice la
garde noble des enfans si elle le juge à propos, et a signé à la
minute.

Signé : CAILLÉE.

Et le troisième jour des dits mois et an est comparu le dit
sieur Jacques Gabriel Taradde lequel a pris et accepté la
susdite charge de subrogé tuteur, après avoir fait le serment
accoutumé, et a signé en la présente.

Signé : CAILLÉE.

La présente sentence est véritablement bien colationée et la certifie véritable.

Signé : A. C. DESJANOT, VEUVE TARADE (1).

N° 8 (Voir pages 26 et 52).

Extrait des registres de la p^{sse} St Roch, à Paris.

L'an mil sept cent cinquante, le neuf may, dame Anne-Catherine Desjanots, veuve de Messire Sébastien de Tarade, écuyer, capitaine de dragons, âgée d'environ soixante et huit ans, décédée hier, rue Neuve des Petits Champs, en cette paroisse, a été inhumée dans la cave de la chapelle de la Sainte-Vierge, par nous curé de cette paroisse, soussigné, présens : Odile Sébastien de Tarade, écuyer, ingénieur ordinaire du roy, Jacques-François de Tarade, écuyer, cy-devant capitaine au régiment de Piémont-infanterie, Messire Jérôme de Tarade, prêtre, tous fils de la défunte, qui ont signé.

Collationné à l'original par moy, prêtre soussigné, dépositaire des dits registres, ce 20 janvier 1759.

Signé : BOUGOT.

Nous, vicaire général de Monseigneur l'archevêque de Paris, certifions que le sieur Bougot, qui a signé de l'autre part est tel qu'il se qualifie, et que foy doit être ajoutée à son seing partout ou besoin sera. Donné à Paris, le vingt-deux janvier mil sept cent cinquante neuf.

Signé : .... H. anc. év. de Québec, v. g.
Par mandement,
Signé : DE LA TOUCHE (2).

(1) Archives de la famille de Tarade. — (2) *Ibid.*

N° 9 (Voir pages 27 et 53)

Extrait des Registres de l'Église paroissiale et collégiale de Notre-Dame en Vaux de la ville et du Diocèse de Chaalons sur Marne.

Mre Odille-Sébastien de Tarade, âgé de quarante et un an ou environ, Ecuyer, Chevalier de l'Ordre Roial et militaire de St-Louis, ci-devant Capitaine du Corps Roial de l'artillerie et du génie, nommé par sa Majesté Ingénieur en chef à Péronne, demeurant ordinairement à Paris, paroisse Saint-Roch, fils de défunt Mre Sébastien de Tarade, Ecuyer capitaine de dragons et de dame Anne-Catherine Desjanots ses père et mère d'une part et D^lle Nicole Dubois, fille de Mre Jean-Baptiste Dubois, Ecuyer Seigneur de Chanterene, Jonchery, Souain et autres lieux et de dame Elizabeth Raulet ses père et mère, agée de dix-sept ans, de cette paroisse d'autre part, après la publication d'un ban dans ces deux églises, la dispense de deux autres accordée par Nosseigneurs les archevêque de Paris et évêque de Chaalons le vingt-deux janvier et cinq février de cette année, registrée et insinuée les vingt-trois et cinq des dits mois, la cérémonie des fiançailles sans opposition ni empechement, ont été mariés de notre consentement en cette église le six février mil sept cent cinquante neuf par le ministère de Mre Germain Dubois de Crancé Chanoine de l'Eglise de Chaalons et cousin germain de l'épouse en présence et du consentement du père de l'épouse, en présence de Mre Henri-Louis de Barberie de Saint-Contest, Chevalier, Seigneur de la Chateigneraic, Menonblet, Malnoyer, Montcharcrel, La Boutonnerie, la Montagne et autres lieux, Conseiller du Roy en ses Conseils, Maître des requêtes ordinaire e son hôtel, intendant de justice, police et finances en la pro-

10

vince et frontière de Champagne, de Mre Claude Dubois de Livry, Chevalier, Seigneur de Launois, ancien capitaine de cavalerie au Régiment de Monseigneur le Dauphin, Chevalier de l'Ordre Roial et militaire de Saint-Louis, lieutenant de MM. les Maréchaux de France, Juge du point d'honneur aux départements de Châlons, Vitry et Rheims, oncle paternel de la ditte dame, de Jean Dubois, Ecuyer, Seigneur de Marson, ancien officier d'infanterie au Régiment de Meuse, oncle paternel, de Jean-François Florimond de Cappy, Chevalier Seigneur d'Oiry des Fournays, ancien officier de cavalerie au Régiment du Roy, commissaire des guerres au département de Chaalons, oncle paternel à cause de Dame Louise Dubois de Crancé son épouse, de Claude Louis de l'Épine Chevalier Seigneur de l'Épine, Melette, Soudron et autres lieux, ancien officier de dragons au Régiment d'Orléans oncle maternel à cause de Dame Catherine Raulet son Epouse et d'autres parents et amis qui ont signé avec nous. Tarade. N. Dubois. E. Raulet. Dubois de Chantrenne. de Barberie. Dubois de Livry. Cappy d'Oiry. Dubois de Marson. Dubois de Crancé Chanoine Prêtre. Jacquemart Curé chan. ancien Doyen.

Collationné, certifié conforme à la minute déposée entre mes mains et délivré par moi soussigné Prêtre Curé Chanoine de Notre-Dame à Chaalons ce 30 janvier 1782.

Signé : JOUY, Curé Chan. de N. D.

Nous, Conseiller du Roi, Lieutenant général au Baillage et siège présidial de Chalons, Certifions et attestons à tous qu'il appartiendra que Me Jouy qui a signé et délivré l'extrait de l'autre part est prêtre Chanoine et Curé de la paroisse Notre-Dame de cette ville et que foi doit être ajoutée à sa signature. En foi de quoi nous avons signé ces présentes, fait au d^t Chalons le trente janvier mil sept cent quatre vingt deux.

Signé : BRÉMONT (1).

(1) Archives de la famille de Tarade.

N° 10 (Voir pages 27 et 58).

MAIRIE DE LA VILLE DE PERONNE (SOMME).

Extrait du registre aux actes de baptême pour l'année 1762.

Ce jourd'hui vingt-quatre mai mil sept cent soixante deux, a été baptisé par nous prêtre curé soussigné, François-Sébastien Tarade, né de ce jour, de légitime mariage, fils de Messire Odile Tarade, écuyer, chevalier de l'ordre royal et militaire de Saint-Louis, ingénieur en chef pour le roi à Péronne, et de dame Nicole Dubois, ses père et mère, de cette paroisse. Le parrain a été Messire Jacques-François de Tarade, écuyer, ancien capitaine au régiment de Piémont, oncle paternel de l'enfant, représenté par Pierre Mitelle, domestique dudit sieur Tarade. La marraine, dame Elisabeth Raulet, épouse de Messire Jean-Baptiste du Bois de Chanterenne, ayeule maternelle de l'enfant, représentée par Anne-Catherine Gervois, domestique du dit sieur Tarade, qui ont signé avec nous ainsi que le père de l'enfant. Fait double les dits jour et an.

Signé : GERVOIS, MITELLE, TARADE, MORLIÈRE, curé de St-Jean.

En marge de la minute de l'extrait ci-dessus se trouve la mention suivante : « Suivant jugement en date du six septembre 1858, le tribunal de Péronne a ordonné la rectification de l'acte de naissance ci-contre en ce sens qu'à l'avenir le nom TARADE sera précédé de la particule DE.

Péronne, le 12 novembre 1858.

Le maire :

Signé : VILLEMANT.

Délivré conforme au registre par nous, maire de la ville de Péronne, le dix-sept novembre mil huit cent cinquantehuit.

Signé : BUCQUOY, adjoint.

Nous, président au tribunal civil de Péronne, certifions que la signature ci-contre est celle de M. Bucquoy, adjoint au maire de la ville de Péronne.

Péronne, le 17 novembre 1858.

Signé : HALLEQUE (1).

***

N° 11 (Voir page 28).

Attendu qu'il résulte des pièces produites et énoncées en la requête que c'est à tort et par erreur si, dans l'acte de naissance de François-Sébastien Tarade, inscrit sur les registres de la ville de Péronne, le 24 mai 1762, et dans celui du requérant, inscrit sur les registres de la ville de Moulins, le deux messidor, an VIII, l'on a omis la particule nobiliaire *de* avant le nom Tarade; que dès lors il y a lieu de rectifier les deux actes dont s'agit, par l'addition de la particule *de* avant le nom Tarade.

Par ces motifs, le tribunal (de Péronne, Somme) dit et ordonne que l'acte de naissance de François-Sébastien Tarade, inscrit sur les registres de la ville de Péronne, le vingt-quatre mai dix-sept cent soixante-deux, et celui de Gilbert-Philippe-Émile Tarade, inscrit sur les registres de la ville de Moulins, le deux messidor, an VIII, seront rectifiés par l'addition de la particule *de* placée avant le nom Tarade, que le présent jugement sera transcrit en entier sur les registres aux actes de naissances de la ville de Péronne et de la ville de Moulins, pour la présente année, et que mention en sera faite tant en marge des deux actes rectifiés qu'en marge de tous autres actes où l'erreur dont s'agit aura été commise et fait défense

(1) Archives de la famille de Tarade.

à tous dépositaires de délivrer aucun extrait ou expédition des dits actes sans la mention dont s'agit;

Ce qui sera exécuté en premier ressort (1).

No 12 (Voir page 29).

L'an de grâce mil cinq cent octante huit, le xve de septembre, après ouy la sainte messe, présent très-vénérable vicomte d'Esnaud père d'icelle très bien aymee fiancée Alice, je moy Jean Tarade baille et donne reçust au diz sieur vicomte, de la dot de huit cens escus d'or pour la dicte dot d'ycelle bien-aymée Alice. Faict le dit an, a my septembre et paroisse Sainct-Etienne-les-Rouen.

Signé : J. TARADE (2).

No 13 (Voir page 43).

Loüis, par la grâce de Dieu, roi de France et de Navarre, à tous ceux qui ces présentes lettres verront, salut. La charge de gouverneur de notre ville de Montdidier étant vacante par le décès du sieur de la Tudde, dernier titulaire, nous avons cru ne pouvoir faire un meilleur choix, pour la remplir, que de la personne de notre cher et bien amé le sieur François-Gabriel de Tarade du Menel, comte de Corbeilles, major du régiment de cavalerie d'Artois, chevalier de l'ordre royal et militaire de Saint-Louis, par la connaissance que nous avons de son zèle, capacité et attachement à notre service. A ces

(1) Expédition authentique de ce jugement existe dans les Archives de la famille de Tarade.

(2) Cette pièce est indiquée à la table des archives de la maison de Clermont-Tonnerre. Elle appartient aujourd'hui à M. Belge, allié à la famille d'Enaud.

causes et autres, à ce nous mouvant, nous avons au dit sieur du Menel, comte de Corbeilles, donné et octroyé, et par ces présentes signées de notre main, donnons et octroyons ladite charge de gouverneur de notre ville de Montdidier, pour l'avoir, tenir et exercer, en jouir et uzer, aux honneurs, authorités, prérogatives, prééminences, franchises, libertés, gages, droits, fruits, profits, revenus et émoluments qui y appartiennent, tels et semblables qu'en a joüi, ou dû joüir, le dit sieur de la Tudde, à des appointements qui seront ordonnés pour la dite charge, avec pouvoir de commander aux habitants de la dite ville et gens de guerre qui y sont ou seront envoyés en garnison, ce qu'ils auront à faire pour le bien de notre service et conservation de la dite place en notre obéissance, faire vivre les dites gens de guerre en bon ordre et police, suivant nos règlements et ordonnances militaires le tout, tant qu'il nous plaira sous l'authorité du gouverneur de notre province de Picardie et de nos lieutenants au gouvernement des bailliages de Péronne, Montdidier et Roye.

Si donnons en mandement à notre amé et féal conseiller en nos conseils, le sieur Hüe de Miromesnil, garde des sceaux de France, comme aussi au gouverneur de Picardie, et, en son absence à nos lieutenants au gouvernement dudit baillage, que, du dit sieur du Menel, comte de Corbeilles, pris et reçu le serment en tel cas requis, ils ayent à le mettre et instituer, de par nous, en possession et joüissance de la dite charge de gouverneur de notre dite ville de Montdidier et d'icelle ensemble de tout ce qui en dépend, le fassent, souffrent et laissent joüir et uzer pleinement et paisiblement, et à lui obéir et entendre de touts ceux et ainsi qu'il appartiendra ès choses touchant et concernant la dite charge. Mandons pareillement à nos amés et féaux les présidents, trésoriers-généraux de France, au bûreau de nos finances, établi à Amiens, trésoriers de l'extraordinaire des guerres et autres qu'il appartiendra, que les gages et appointements à la dite

charge apartenants, ils fassent payer au dit sieur du Menel
par chaqu'un an, aux termes et en la manière accoutumée,
raportant ces présentes, avec copie d'icelles, dûment collationnée, pour une fois seulement, avec quittance sur ce suf-
fisante; nous voulons les dits gages et appointements être
passés et alloüés en la dépense des comptes de ceux qui
en auront fait le payement par nos amés et féaux conseillers
les gens de nos comptes, auxquels mandons ainsi de faire
sans difficultés, car tel est notre plaisir.

En témoin de quoi, nous avons fait mettre notre scel à ces
dites présentes données à Versailles, le 3 mars 1775 et de
notre règne le 1er.

Signé : Louis.

Et sur le repli est écrit :

Par le Roi,

Signé: Phelyppeaux.

Et à côté : Aujourd'hui, 3e mai 1775, le dit sieur du Menel,
comte de Corbeilles, a prêté ès mains de Mgr Hüe Mis de Miromesnil, chevalier garde des sceaux de France, le serment
qu'il devait au Roy à cause de la charge de gouverneur de la
ville de Montdidier, dont il est pourvu par ces présentes, moy,
écuyer, avocat au parlement et premier secrétaire de mondit
seigneur le garde des sceaux présent.

Signé : Pétigny.

Et en marge, est écrit : Registrée en la chambre des
comptes, oüy, le procureur général du Roy, pour joüir, par
le pourvu du dit office des gages et droits y attribués,
le 22 février 1777.

Signé : Henry, avec paraphe.

Collationné à l'original par nous, écuyer, conseiller secré
aire du Roy, maison couronne de France, contrôleur de la
chancellerie de Paris.

Signé : Gaudissart (1)

———

N° 14 (Voir page 44).

*Extrait du registre mortuaire de l'église paroissiale ae
St-Eustache, à Paris.*

L'an mil sept cent quatre-vingt-sept, le samedi 24 février
Mᵉ François-Gabriel de Tarade du Mesnel, Chevalier, comte
de Corbeilles, seigneur de Bourdeaux, Bréau, Chennery et
autres lieux, Chevalier de l'Ordre Royal et militaire de Saint-
Louis, ancien lieutenant-colonel du régiment d'Artois, âgé
de soixante-quatorze ans, environ, décédé d'hier, en son
hôtel, rue Verdelet, a été inhumé en notre église en présence
de Mʳᵉ Jacques-François-Marie de Tarade, ancien capitaine de
vaisseau, chevalier de l'ordre royal de Saint-Louis (cousin), de
Louis Mascraux, commandeur de l'ordre de Saint-Jean-de-
Jérusalem, etc., et ont signé.

Collationné à l'original et délivré par moi, prêtre, dépositaire des registres mortuaires de ladite église, à Paris, ce
7 septembre mil sept cent quatre-vingt-neuf.

Signé : Potard (2).

(1) Archives de la famille de Tarade de Corbeilles (Loiret).
(2) Archives de la famille de Tarade.

———

No 15 (Voir page 46).

..tt des registres de baptesme de l'église paroissal de St-Roch, a paris, du trante-untiesme décembre mil six cents soixsante et quinze.

Sébastien a receu les sérémonie de baptesme, filz de Odille Tarade, entrepreneur des bastiment du roy, et de damoiselle Marie de Billy, sa femme, demeurant reue Villedot, de cest paroisse, né le premier du présent mois et an, endoyé au tant de sa nesance. Le paren sébastien le prestre, seigneur de Vauban, gouverneur pour le roy en la sitadelle de Lille et directeur général des fortifications de France, demeurant reue des petit-champt, en cest paroisse La marainne Margue-rite Tarade, femme de Jean Hanicle, architecte et entrepre-neur des bâtiment de sa majesté, demeurant en cest pa-roisse, ensy sinée Margerite Tarade et Vauban, et Tarade, et P. Lenffant.

Collationnée à loriginal par moy prestre soubsigné habitué susdite églisse et paroisse depositer des registre et preppossé par Monsieur le Curé pour en délivrer les extrait, le vingt unesme janvier mil six cent quatre vingt dix. _Signé_ : N. Me-RINNE (1).

No 16 (Voir page 47).

Aujourd'huy, dix-huitieme du mois de may 1702, le roy estant à Versailles, se confiant en la valeur, courage, expé-rience en la guerre, vigilance et bonne conduite du sieur Tarade, et en sa fidélité et affection à son service, Sa Majesté luy a donné et octroyé la charge de cornette en la compagnie de Danton, dans le régiment des dragons de Fontbeauzard,

(1) Comme toujours, nous avons reproduit cette pièce avec l'or-thographe extraordinaire de l'original.

vacante et non pourveue, pour doresnavant en faire les fonctions, et en jouir aux honneurs, authorités, prérogatives, droits et apointements qui y appartiennent, tels et semblables dont jouissent ceux qui sont pourveus de pareilles charges, m'ayant, Sa Majesté, pour témoignage de sa volonté, commandé de luy en expédier le présent brevet, qu'elle a signé de sa main et fait contresigner par moy son conseiller, secretaire d'Estat, et de ses commandements et finances.

Signé : Louis.

Et plus bas :

Signé : Chamillart (1).

(1) Sébastien de Tarade, écuyer, seigneur de Marthemont, est qualifié du titre de capitaine de dragons : 1° Dans un avis de parents, du 26 mars 1734, qui autorise Mme veuve de Tarade, tutrice de son fils mineur Jacques-François de Tarade de Marthemont, à avancer à son dit fils, récemment nommé lieutenant au régiment de Piémont, jusqu'à concurrence de 2,500 livres pour le service du roi (*); 2° dans l'acte de mariage de son fils, n° 9, ci-devant ; 3° dans l'acte de décès de sa mère, n° 8, ci-devant ; 4° dans son propre acte de décès ci-après, pièce cotée n° 17; 5° dans l'état de services de son fils Odile-Sébastien (lettre C), Sébastien de Tarade est qualifié ex-officier de dragons ; 6° l'un de ses dessins, ici reproduit, porte : *Sébastien de Tarade, officier des dragons,* écrit de sa main ;

Enfin, en présence du brevet ci-dessus, dont l'original, sur parchemin, signé de la main du roi, et contresigné Chamillard, est entre nos mains, il est bien étonnant qu'il nous ait été répondu par S. E. le ministre de la guerre, en date du 21 octobre 1868, ce qui suit : « Sébastien de Tarade de Marthemont, qui, ayant été nommé cornette au régiment de cavalerie de Fonbeausard en 1702, aurait servi ensuite comme capitaine de dragons et serait mort à Paris en 1727, ne figure ni sur les contrôles de Fonbeausard ni sur ceux des officiers des régiments de dragons. »

Du reste, ce n'est pas la première fois que des faits aussi étranges se produisent.

(*) Archives de la famille de Tarade.

N° 17 (Voir page 47).

Extrait des registres de la paroisse St-Roch, à Paris.

L'an mil sept cent vingt sept, le vingt sept janvier, Sébastien Tarade, écuyer, ancien capitaine de dragons, âgé de cinquante un ans, mary de dame Catherine Desjanots, decedé hier, en sa maison, rue Neuve des Petits Champs, en cette paroisse, a été inhumé dans la cave de la chapelle de la Sainte-Vierge en cette église, présens Odile-Sébastien Tarade, son fils aîné, et Joseph (1) Tarade aussi son fils, demeurant tous deux susdites rues et paroisse, Mre Jean-Odile Tarade, écuyer, conseiller du roy au Chatelet de Paris, frère du défunt, demeurant rue des Lyons, paroisse Saint-Paul, et ont signé.

Collationné à l'original, par moy prêtre soussigné, dépositaire des dits registres, ce 20 janvier 1759.

Signé : Bougot.

Nous vicaire général de Monseigneur l'archevêque de Paris, certifions que le sieur Bougot qui a signé de l'autre part est tel qu'il se qualifie, et que foy doit être ajoutée à son seing partout ou besoin sera. Donné à Paris, le vingt deux janvier mil sept cent cinquante-neuf.

Signé : ..... H. anc. év. de Quebec, v. g.

Par mandement :

Signé : De la Touche (2).

(1) Ce prénom doit être le résultat d'une erreur. Ce devait être ou Jacques-François de Tarade ou Jérôme-Sébastien de Tarade, ses deux autres fils. Aucun de Tarade du prénom de Joseph n'a existé dans la famille.

(2) Archives de la famille de Tarade.

No 18 (Voir page 49).

Extrait des registres mortuaires de la paroisse Saint Nicolas des Champs, à Paris. — Le quatre octobre mil sept cent soixante-huit, Messire Jacques-François de Tarade de Martemont, ancien capitaine au régiment de Piedmont infanterie, décédé hier rüe des Filles du Calvaire, âgé d'environ quarante six ans, a été inhumé dans la cave de cette église par M. le curé soussigné avec l'assistance de cinquante prêtres, en présence de messire Jerosme de Tarade, prêtre du diocèse de Paris, son frère, et de S$_r$ Louis-François Le Clerc de la Ronde, bourgeois de Paris, ami, et autres qui ont signé.

Collationné et délivré par nous, vicaire de la dite paroisse, soussigné. A Paris, le 4e octobre mil sept cent soixante huit.

Signé : BUERE (1).

No 19 (Voir page 51).

Extrait des registres de la paroisse St-Roch, à Paris.

L'an mil sept cent cinquante-un, le vingt juillet, après la publication d'un ban en cette église, vu le certificat de pareille publication en celle de St-Eustache, en datte du jour d'hier ; la dispense des deux autres par Mgr notre archevêque, avec la permission de fiancer et marier le même jour, aussy en datte du jour d'hier ; ont été fiancés et mariés par messire Jérôme de Tarade, prêtre de ce diocèse, frère de la sousdite dame épouse, et ce, par permission de nous, messire Jean Marduel, docteur de Sorbonne, et curé de cette paroisse ; messire Germain Dubois-de-Crancé, Ecuyer, Seigneur de

(1) Archives de la famille de Tarade.

Loisy, chevalier de l'ordre royal de Saint-Louis, et écuyer de main de Madame la Dauphine, fils majeur de défunt Germain Dubois, Ecuyer, Seigneur de Crancé, et commissaire des guerres en Champagne, conseiller du roy d'honneur au bailliage et siége présidial de Châlons, en Champagne, et de dame Magdelaine de Parvillé, de la paroisse St-Eustache, rue Vivienne ; et dame Marie-Catherine de Tarade, veuve de messire Jacques de la Villette de Belfayi, Ecuyer et controlleur général des trésoriers et payeurs des maréchaussées de France, en cette paroisse, rue Neuve-des-Petits-Champs, qui ont signé à la minute avec les témoins y désignés.

Collationné à l'original par nous, prêtre soussigné, dépositaire des dits registres, le 30 décembre 1778.

Signé : CHANTEPIE (1).

La famille de Tarade possède aussi dans ses archives une expédition authentique du contrat de mariage de Germain Dubois de Crancé et de Marie-Catherine de Tarade, veuve de Belfayi. On lit ce qui suit dans ce contrat :

« ..... Lesquels (futurs époux), pour raison du mariage
« proposé entre lesdits Germain Dubois de Crancé et dame
« veuve de Belfay, dont célébration sera incessamment faitte
« en face d'Église, ont reconnu être convenus et demeuré
« d'accord des clauses et conditions qui suivent, honorés de
« la présence de Monseigneur le Dauphin, de Madame la
« Dauphine, de Monsieur le comte de Sassenage, de Madame
« la duchesse de Brancas, de Madame la marquise du Roure,
« de Monsieur le comte de Mailly, et encore en la présence et
« du consentement de leurs parents et amis ci-après nom-
« méz, etc. »

Le dit contrat est daté du Château de Versailles à l'égard

(1) Archives de la famille de Tarade.

de Monseigneur le Dauphin et de Madame la Dauphine, et des seigneurs et dames de la Cour le 17 juillet et à l'égard des parties contractantes et amis en la maison de la dite dame de Belfayi, future épouse, le 19 du dit mois de juillet 1751.

Ce contrat est signé Delan et Leuze, conseillers du roi et notaires à Paris.

———

N° 20 (Voir page 52).

Louis, PAR LA GRACE DE DIEU, ROY DE FRANCE ET DE NAVARRE, a notre cher et bien amé, le capitaine de Tarade, l'un de nos ingénieurs, Salut : Mettant en considération les services que vous nous avés rendus dans toutes les occasions qui s'en sont présentées, et voulant vous donner le moyen de nous les continuer; à ces causes et austres à ce nous mouvans, nous vous avons commis, ordonné et établi, commettons, ordonnons et établissons par ces présentes, signées de notre main, capitaine réformé à la suite du régiment d'infanterie de Forest, pour y être dorénavant entretenu en cette qualité, prendre et tenir rang de capitaine dans le dit régiment et dans nos troupes d'infanterie, du jour et datte de ces présentes, sous notre autorité et sous celle du sieur marquis de Matignon, colonel du dit régiment, la part et ainsi qu'il vous sera par nous ou nos lieutenans généraux, commandé et ordonné pour notre service, et nous vous ferons payer des Etats, appointemens et soldes qui vous seront dus suivant les montres et revues qui en seront faites par les commissaires et controlleurs des guerres à ce départis, tant et si longuement que vous nous servirés en la dite qualité de capitaine réformé. De ce faire vous donnons pouvoir, commission, autorité et mandement spécial. Mandons au dit sieur marquis de Matignon, colonel du dit régiment, et en son absence à celui qui le commande de vous recevoir et faire reconnaître en la dite qualité, et à tous qu'il appartiendra qu'à vous en ce faisant soit obéi, car tel est notre plaisir. Donné à Versailles le premier jour de janvier, l'an de grâce mil sept cent quarante cinq et de notre règne le trentième.

Signé : Louis.

Et plus bas :

Par le Roy

Signé : M. de Voyer d'Argenson (1).

No 21 (Voir page 52).

A Versailles, 5 janvier 1745.

Le Roy a bien voulu vous accorder, Monsieur, la commission de capitaine pour vous témoigner sa satisfaction de vos services, et particulièrement de la façon dont vous vous êtes comporté au siége de Fribourg. Je suis, Monsieur, très-parfaitement à vous.

Signé : M. d'Argenson.

Au bas de cette lettre on lit :

M. Tarade, ingénieur ordinaire (2).

No 22 (Voir page 53).

Extrait des registres de l'état-civil de la ville de Châlons, département de la Marne.

Paroisse St-Alpin.

L'an mil sept cent quatre vingt cinq, le quatorzième jour du mois d'avril, a été inhumé au cimetière de cette église, le

(1) Archives de la famille de Tarade. — (2) *Ibid.*

corps de Messire Odile-Sébastien de Tarade, écuyer, chevalier de l'ordre royal et militaire de Saint-Louis, ancien ingénieur en chef pour le roi et major au corps royal du génie, conseiller notable de l'hôtel commun de cette ville, décédé le douze du même mois, muni des sacrements de l'église, époux de demoiselle Nicole Dubois de Chantrenne. L'inhumation s'est faite en présence de Messieurs Dubois de Chantrennes, ses beaux-frères, soussignés avec nous, prêtre, vicaire.

Signé au registre : Dubois de Chantrennes, Dubois de Chantrennes, et Geoffroy, vicaire.

Le présent extrait délivré conforme à la minute, par nous, maire de la ville de Châlons, chevalier de l'ordre royal de la Légion d'honneur, soussigné.

Pour le maire,

Signé : D'AVRAINVILLE, adjoint.

Nous, président du tribunal de première instance de l'arrondissement de Châlons, y séant, certifions que la signature ci-dessus est celle de M. d'Avrainville, adjoint au maire de la dite ville, et que foi doit y être ajoutée, tant en jugement que dehors : pour quoi avons signé le présent, auquel est apposé le sceau du tribunal.

Châlons-sur-Marne, le 14 novembre 1828.

L. S. *Signé* : DOSOY.

N° 23 (Voir page 56).

Extrait des registres de l'État civil de la ville de Châlons, département de la Marne.

Paroisse Notre-Dame.

Nicole, fille légitime de Jean-Baptiste Dubois, écuyer, seigneur de Chanterenne, Jonchery-sur-Suippes, Souain et autres lieux, conseiller honoraire au bailliage et siége présidial de Châlons, et de Dame Marie-Élisabeth Raulet, de cette paroisse est née et baptisée ce 17 9ʰʳ 1735, ayant eu pour parrain Nicolas Coquart de la Motte, écuyer, maréchal des camps et armées de Sa Majesté, commandant le corps des carabiniers, et pour marraine Dame Nicole Leleu, veuve de Louis Loisson, écuyer, seigneur de Mery, Bayerne et autres lieux, et ont signé.

Signé au registre : Jacquemart, curé, chanoine et doyen.

Le présent extrait délivré conforme à la minute, par Nous, Maire de la ville de Châlons, Chevalier de l'Ordre royal de la Légion d'honneur, soussigné.

Pr le maire,

L. S.   *Signé* : D'AVRAINVILLE, adjt.

Nous, Président du Tribunal de première instance de l'arrondissement de Châlons, y séant, certifions que la signature ci-dessus est celle de M. d'Avrainville, adjoint au Maire de la dite ville, et que foi doit y être ajoutée, tant en jugement que dehors : pour quoi avons signé le présent, auquel est apposé le sceau du tribunal.

Châlons-sur-Marne, le 14 novembre 1828.

L. S.   *Signé* : DOSOY (1).

N° 24 (Voir page 54).

Le contrat de mariage de Odile Sébastien de Tarade et de Nicole Dubois fut signé par les parents et amis dont les noms suivent :

(1) Archives de la famille de Tarade.

Ont signé Messire Jacques-François de Tarade de Marthe-mont, écuyer, ancien capitaine au régiment de Piémont-infanterie ;

Messire Jérôme de Tarade, prêtre du diocèse de Paris;

Dame Anne-Catherine de Tarade (1);

Dame Marie-Antoinette de Tarade (2);

Messire André-Dominique Martin de Moncelot, écuyer, ancien capitaine au régiment de Piémont-infanterie ;

Messire Jean-Odile Martin du Chesneau, chevalier, commandeur de l'ordre de Saint-Lazare, ancien capitaine au régiment de Piémont, et Marie-Louise Lesgris, son épouse ;

Dame Marguerite Martin, veuve de Messire Florent-Jean de Vallière, grand-croix de l'ordre royal et militaire de Saint-Louis, lieutenant-général des armées du roi et gouverneur de Bergues ;

Messire Jacques-Louis de Tarade, écuyer, mousquetaire du roi, première compagnie;

Dame Françoise-Denise-Thérèse Meusnier, veuve de Messire François de Cappy, écuyer, seigneur d'Oiry et d'Alge;

Messire Claude Dubois de Chantrenne, sous-diacre du diocèse de Châlons.

Le mariage fut célébré le 6 février 1759, dans l'église paroissiale et collégiale de Notre-Dame-en-Vaux, à Châlons, par l'abbé Germain Dubois de Crancé, chanoine de l'église de Châlons, cousin-germain de l'épouse. Parmi les assistants, l'acte de mariage cite, comme signataires de l'acte (3), les personnes dont les noms se trouvent dans la note n° 9, ci-devant.

(1 et 2) Ces deux dames étaient très-probablement les deux filles de Martin-Antoine de Tarade, lesquelles ne furent point mariées (page 105).

(3) Archives de la famille de Tarade.

N° 25 (Voir page 57).

PRÉFECTURE DU DÉPARTEMENT DE LA SEINE.

Extrait du registre des actes de décès du 8ᵉ arrondissement de Paris pour 1851.

Du dix-sept janvier mil huit cent cinquante-et-un,
à deux heures du soir.

Acte de décès de Étiennette Guyot (1), rentière, décédée le 16 de ce mois, à six heures du soir, à son domicile, rue des Trois-Pavillons, n° 7, 8ᵉ mairie, âgée de quatre-vingts ans, née à Paris, veuve en premières noces de Odile de Tarade, et en secondes noces de Savinien Yver.

Le présent acte dressé sur la déclaration de Ernest de Beaufort, rentier, âgé de trente-un ans, demeurant rue Vieille-du-Temple, 118, et de Odile de Tarade, rentier, âgé de vingt-deux ans, demeurant quai Bourbon, 51, petit-neveu de la décédée, et d'après le certificat du médecin qui a constaté le décès, les déclarants ont signé avec nous, officier de l'État-Civil, après lecture faite. Ainsi signé : E. de Beaufort, de Tarade et Fréd. Lévy. Suivent les signatures illisibles des greffiers, et le sceau de la mairie (2).

N° 26 (Voir page 60).

Mons le Vᵗᵉ de Custine, ayant donné à François-Sébastien de Tarade la Charge de troisième sous-lieutenant en pied sans appointemᵗˢ en la première Compagnie du régiment d'Infanterie de Rouergue que vous commandés, vacante et non pourvue, Je vous écris cette lettre pour vous dire que

1. Étiennette Guyot était née en 1771.
(2) Archives de la famille de Tarade de Corbeilles.

vous ayés à le recevoir et faire reconnoître en la d^te Charge de tous ceux et ainsi qu'il appartiendra, et la présente n'étant pour autre fin, Je prie Dieu qu'il vous ait, Mons le Vte de Custine, en sa sainte garde. Écrit à Versailles, le dix-huit avril 1782.

Signé : LOUIS.

Et plus bas, *Signé* : SÉGUR (1).

N° 27 (Voir page 60).

Mons le Vte de Custine, ayant donné à François-Sébastien de Tarade, 3e sous-lieutenant en pied sans appoint^ts la Charge de sous-lieutenant en la Compagnie de La Vergne, dans le régiment d'Infanterie de Rouergue que vous commandés, vacante par la promotion de Bonnegens à une lieutenance en second, Je vous écris cette lettre, etc. (La suite, comme au n° précédent.)

Écrit à Versailles, le vingt-sept novembre 1782.

Signé : LOUIS.

Et plus bas, *Signé* : SÉGUR (2).

En marge est écrit : Louis-Joseph de Bourbon, Prince de Condé, Prince du sang, Pair et grand-maître de France, lieutenant-général des armées du roy, chevalier de ses Ordres, Gouverneur et lieutenant-général des provinces de Bourgogne et de Bresse, colonel-général de l'Infanterie française et étrangère ;

Vu la présente lettre du roy adressée à M. le Vte de Custine, portant que Sa Majesté a donné au d^t François-Sébastien de Tarade, 3e sous-lieuten^t la Charge de sous-lieutenant en la Comp^ie de la Vergne, dans le rég. d'Infanterie de Rouergue,

---

(1) Archives de la famille de Tarade. — (2) *Idem*.

vacante par la promotion de Bonnegens à une lieutenance en second;

Nous, en vertu du pouvoir que nous en avons à cause de notre place de Colonel-général de l'Infanterie françoise et étrangère, mandons à M. le Vte de Custine, mestre de camp, command^t le régim^t de Rouergue, et, en son absence, à l'officier qui le commande, de recevoir et faire reconnoître le d^t s^r de Tarade en la d^{te} charge de sous-lieutenant en la Comp^{ie} de La Vergne dans le d_t régiment de tous ceux et ainsi qu'il appartiendra. En foy de quoi nous avons fait expédier la présente que nous avons signée et fait contresigner par le secrétaire-général de l'Infanterie françoise et étrangère.

Donné à Paris, le 5 juin 1784.

Signé : Louis-Joseph DE BOURBON.

Et plus bas : Par son Altesse Sérénissime,

Signé : BOULOGNE DE LASCOURS (1).

N° 28 (Voir page 60).

Régiment de Rouergue.

Nous soussignés, officiers au régiment de Rouergue, certifions que M. François-Sébastien de Tarade de Chennery, officier au dit régiment, s'est embarqué à Brest, au mois de décembre 1782, pour rejoindre le corps d'armée de M. le comte d'Estain, à Cadix, et qu'il a fait les campagnes de 1782 et 1783 avec le dit régiment qu'il a quitté à sa rentrée en

(1) Archives de la famille de Tarade.

France pour prendre du service dans le corps royal d'artillerie.

En foi de quoi nous lui avons délivré le présent certificat
pour lui servir et valoir.

Fait à Paris, le 12 août 1814.

Signé : LOUIS DE LA TOUR-CLAMOUSE,
ancien capitaine au régiment de Rouergue,
chevalier de St-Louis;

LE CHEV. DE VATHAIRE DE GUERCHY,
ancien capitaine au régiment de Rouergue,
chevalier de St-Louis;

JOUETTE, ancien officier au régiment
de Rouergue, chevalier de l'ordre
de St-Louis (1).

Nº 29 (Voir page 60).

Mons d'Haugest, ayant donné à François-Sébastien Tarade
de Marthemont la charge de Lieutenant en 2ᵉ de la Compagnie de canoniers de La Catonne, du Régiment de Grenoble,
de mon Corps Royal de l'Artillerie, Je vous écris cette
lettre pour vous dire que vous ayiés à le recevoir et faire
reconnoître en la dᵗᵉ charge, etc. (La formule précédente,
nᵒˢ 26 et 27).

Écrit à Sᵗ Cloud, le premier septembre 1785.

Signé : LOUIS.

Et plus bas :

Signé : LE Mᵃˡ DE SÉGUR (2).

(1) Archives de la famille de Tarade. — (2) *Idem*.

N° 30 (Voir page 60).

La Nation, la Loi et le Roi.

Brevet de capitaine.

Détail des services,

Pour François-Sébastien Tarade de Marthemont,

Né le 24 mai 1762 ;

Lieutenant en second, 1er septembre 1785 ;

Premier lieutenant, 1er avril 1791.

Louis, par la grâce de Dieu et par la loi constitutionnelle de l'État, Roi des Français, Chef suprême de l'Armée, prenant une entière confiance dans la valeur, bonne conduite, zèle et fidélité envers la patrie, dont a donné des preuves, dans toutes les occasions, le lieutenant François-Sébastien Tarade de Marthemont, l'a nommé à la place de capitaine, vacante dans le 3e régiment du Corps de l'artillerie, à compter du six février mil sept cent quatre-vingt douze, pour en faire les fonctions sous l'autorité de Sa Majesté, et sous les ordres des officiers généraux employés auprès des troupes. Sa Majesté mande et ordonne au sieur de Sinceny, colonel, et en son absence à l'officier qui commande le régiment, de le recevoir et faire reconnaître en la dite qualité, de tous les officiers, sous-officiers et soldats de la dite Compagnie. Donné à Paris, le trentième jour du mois de mars mil sept cent quatre vingt douze et de notre règne le dix-huitième.

Signé : Louis.

Et plus bas :

Par le roy :

Signé : P. de Grave (1).

(1) Archives de la famille de Tarade.

N° 31 (Voir page 61).

Nous, LOUIS-HENRY-JOSEPH DE BOURBON, duc de Bourbon, prince du sang, pair et grand-maître de France, en survivance, lieutenant-général des armées du roi, chevalier de ses Ordres et de la Toison-d'Or,

Certifions que M. François-Sébastien de Tarade de Marthemont, ancien capitaine du Corps royal d'artillerie, a fait, sous nos ordres, la campagne de 1792, jusqu'au licenciement, dans la compagnie d'artillerie, et qu'il s'est conduit avec honneur, se distinguant par son zèle et sa bravoure.

En foi de quoi Nous lui avons fait expédier le présent certificat, signé de notre main, contresigné par le secrétaire de nos commandements et auquel nous avons fait apposer le sceau de nos armes.

Fait à notre Palais-Bourbon, le 15 novembre 1814.

Signé : LOUIS-HENRY-JOSEPH DE BOURBON.

Par Son Altesse Sérénissime :

Signé : LE CH^{er} JACQUES (1).

(1) Archives de la famille de Tarade.

N° 32 (Voir page 61).

ARTILLERIE DE LA MARINE.

Liberté, égalité.

République française, une et indivisible.

Au nom de la Convention nationale.

Brevet d'inspecteur près la fonderie de Moulins.

Sous l'autorisation du Comité du salut public.

———

LA COMMISSION de la marine et des colonies de la République, créée par le décret du 14 pluviôse de l'an deuxième de la République, une et indivisible,

Nomme le citoyen Tarade, ancien officier d'artillerie, à la place d'inspecteur près la fonderie de Moulins, pour en remplir les fonctions, à compter du premier fructidor, présent mois, et aux appointements de six mille livres par année.

Il est ordonné à tous commandans de troupes, de places et directeurs d'arsenaux, et à tous corps administratifs de le reconnaître ou faire reconnaître en la dite qualité et de lui accorder secours et protection dans l'exercice de ses fonctions.

A Paris, le trente fructidor, l'an IIIᵉ de la République française, une et indivisible.

Le Commissaire,

Signé : REDOU.

Vu et enregistré au Département de l'Allier, à Moulins, le vingt-trois vendémiaire, troisième année républicaine.

Signé : RENAUD, MUPIER, secrétaire (1).

(1) Archives de la famille de Tarade.

———

N° 33 (Voir page 61).

EMPIRE FRANÇAIS.

Département de l'Allier.

MAIRIE DE MOULINS.

Le Maire de la ville de Moulins à Monsieur de Tarade propriétaire.

Monsieur,

J'ai la satisfaction de vous annoncer que M. le Préfet vient, par son arrêté du 10 de ce mois, de vous appeler aux fonctions de capitaine de la compagnie d'artillerie de la Garde Nationale de cette ville.

Votre nomination sera, j'en ai la certitude, aussi favorablement accueillie par l'opinion publique qu'elle est agréable à l'administration.

Je vous prie de tout disposer pour votre installation et la prestation de serment que vous devez faire en présence de la Garde Nationale.

J'aurai soin de vous prévenir de l'époque à laquelle cette installation devra s'effectuer.

Agréez l'hommage de ma parfaite considération.

Moulins, le 15 janvier 1812.

Signé : MARLY.
adj^t. (1).

(1) Archives de la famille de Tarade.

N° 34 (Voir page 64).

Lettres de chevalier de l'ordre militaire de Saint-Louis,
en faveur de M. Tarade de Marthemont, ancien
officier.

LOUIS, PAR LA GRACE DE DIEU, ROI DE FRANCE ET DE NAVARRE,
Chef souverain, grand-maître et fondateur de l'ordre militaire de Saint-Louis, à tous ceux qui ces présentes lettres
verront, Salut. Etant bien aise de donner au Sr François-
Sébastien Tarade de Marthemont, ancien officier, des marques
de distinction, en considération des services qu'il nous a rendus, nous avons cru que nous ne le pouvions faire d'une manière qui lui soit plus honorable, qu'en l'admettant au nombre des Chevaliers de l'Ordre militaire de Saint-Louis, institué
par l'Édit du mois d'avril 1693, étant bien informé des services
ci-dessus, et qu'il professe la religion catholique, apostolique
et romaine. A ces causes, nous avons fait, constitué, ordonné et
établi, faisons, constituons, ordonnons et établissons, par ces
présentes, signées de notre main, le Sr Tarade de Marthemont, chevalier du dit ordre de Saint-Louis, pour par lui
jouir du dit titre de chevalier, aux honneurs et prérogatives
qui y sont attachés, avec faculté de tenir rang parmi les
autres chevaliers du dit ordre, et de porter sur l'estomac une
croix d'or émaillée, suspendue à un petit ruban couleur de
feu, et sur laquelle il y aura l'image de Saint-Louis, à condition d'observer les statuts du dit ordre, sans y contrevenir
directement ni indirectement, et de se rendre à notre cour,
toutes et quantes fois nous le lui ordonnerons pour notre service, et pour le bien et utilité du dit ordre. Si donnons en
mandement à tous grand'croix, commandeurs et chevaliers
dudit ordre militaire de Saint-Louis, de faire reconnaître le
Sr Tarade de Marthemont, chevalier dudit ordre, de tous ceux

et ainsi qu'il appartiendra, après toutefois qu'il aura prêté le serment requis et accoutumé. En témoin de quoi, nous avons signé de notre main ces présentes, que nous avons fait contresigner par notre ministre secrétaire d'État ayant le département de la guerre.

Donné à Paris, le trente et unième jour de janvier, l'an de grâce mil huit cent quinze.

Signé : LOUIS.

Par le roi, chef souverain, grand-maître et fondateur de l'ordre militaire de St-Louis.

Signé : LE DUC DE FELTRE (1).

N° 35 (Voir page 61).

Nous CHARLES-PHILIPPE de France, Fils de France, Monsieur, Frère du Roi, Comte d'Artois,

Certifions, qu'en vertu des ordres dont il a plu au Roi de nous honorer, nous avons aujourd'hui conféré la Croix de l'Ordre Royal et Militaire de St-Louis à M. de Tarade Marthemont (François-Sébastien), ancien officier, après avoir reçu de lui le serment requis.

En foi de quoi nous avons signé le présent certificat et y avons fait apposer le cachet de nos armes.

Fait à Paris, le 12 février 1815.

L. S.   *Signé* : CHARLES-PHILIPPE.

Par Monsieur,

Signé : OURSIN DE MONTCHEBRET (2).

(1) Archives de la famille de Tarade. — (2) *Idem*.

N° 36 (Voir page 62).

Au nom du roi.

Charles-Philippe de France, Fils de France, Monsieur, comte d'Artois, colonel général des gardes nationales du Royaume, etc...,

Nous nous sommes fait représenter l'ordonnance du roi du 1er novembre 1817, par laquelle Sa Majesté, sur la proposition que nous lui en avons faite, de concert avec son ministre d'État au département de l'intérieur, et de l'avis de son conseil, a daigné conférer au sieur Tarade de Marthemont, chevalier de St-Louis, le grade de lieutenant-colonel de la Légion de garde nationale à pied de l'arrondissement de Moulins, département de l'Allier.

En foi de quoi nous lui avons délivré et délivrons le présent brevet du dit emploi, conformément aux pouvoirs que le roi nous en a donnés par ses ordonnances des 27 décembre 1815 et 17 juillet 1816.

Mandons et ordonnons aux inspecteurs généraux, inspecteurs de département, commandans, officiers, sous-officiers et gardes-nationaux, de le reconnaître et faire reconnaître en cette qualité.

Donné sous notre sceau, à Paris, ce 24 janvier 1818.

Signé : Charles-Philippe.

Par son Altesse royale

Le colonel, secrétaire du comité des gardes nationales,

Signé : Baron de Kentzinger.

Vérifié, scellé et transcrit au registre des brevets, cotté A, folio 82, n° 4,085.

Le chef des bureaux :

Signé : Delsaseez (1).

(1) Archives de la famille de Tarade.

N° 37 (Voir page 65).

Extrait du registre des actes de naissance de la commune de Triguerre, canton de Chateaurenard, district de Montargis, dép‡ du Loiret.

Le six frimaire de la 2ᵉ année de la République une et indivisible, 1793 26 novembre (V. S.), à onze heures du matin par devant moi François Vry, membre du conseil général de la commune de Triguerre, dép‡ du Loiret, élu le 6 janvier 1792 (V. S.) pour recevoir les actes destinés à constater les naissances, mariages et décès des citoyens dans la partie de la paroisse qui est au nord de la rivière;

Est comparu en la salle publique de la maison commune François-Sébastien Tarade, sans profession, domicilié dans la maison dite le Chatelet, lequel assisté de Louis-Nicolas Tarade, son frère, domicilié à Corbeilles, chef-lieu de canton, district de Montargis, Dép‡ du Loiret, ledit Louis-Nicolas Tarade âgé de 29 ans, et de Marie-Elisabeth Vilhardin, Vᵛᵉ Lavenier, âgée de cinquante ans, ayeule de l'enfant du côté maternel, domiciliée à Moulins, chef-lieu de canton, de district et du département de l'Allier, a déclaré que Élisabeth Lavenier, son épouse en légitime mariage, était accouchée chez lui hier, sur les dix heures du matin, d'un fils qu'il m'a présenté, et auquel ils ont donné conjointement les prénoms de Louis-Nicolas-Théophile. D'après cette déclaration que les dits Louis-Nicolas Tarade et Marie-Elizabeth Vilhardin m'ont déclaré conforme à la vérité et la présentation qui m'a été faite de l'enfant susnommé, j'ai rédigé, en vertu des pouvoirs qui me sont délégués, le présent acte, le père de l'enfant et les susdits témoins ont signé de ce interpellés. Fait en chambre commune lesdits jour, mois et an que dessus. Ainsi signé au

registre : Vilhardin Lavenier, Tarade, Tarade, Gabrielle Lavenier, et François Vry, officier public.

Collationné conforme à l'original par moi secrétaire greffier
de la municipalité de Triguerre en maison commune, ce dix-
huit floréal an 3ᵉ de la République une et indivisible, *Signé* :
GRANGER, Sʳᵉ.

Nous maire et officiers municipaux certiffions que la signature ci-dessus est celle de notre secrétaire greffier et que foi
doit y être ajoutée. En maison commune, le dix huit floréal
an 3ᵉ républicain.

Signé : MARLEME ET RICHEMONT.

Vu par les administrateurs du district de Montargis, le
vingt-deux floréal de l'an 3ᵉ de la République une et indivisible.

L. S.   *Signé* : BALLE, APPERT, LEPIN Pⁿᵗ et DORVET Sʳᵉ (1).

Nᵒ 38 (Voir page 69).

Aujourd'hui, 31 janvier 1821, le Roi étant à Paris, et prenant une entière confiance en la valeur, la bonne conduite et
la fidélité du Sʳ de Tarade (Gilbert-Philippe-Émile), Sa
Majesté lui a conféré le grade de sous-lieutenant, pour tenir
rang à dater du trente-et-un janvier mil huit cent vingt-
et-un.

Mande Sa Majesté à ses officiers généraux et autres à qui il
appartiendra, de reconnaître le Sʳ de Tarade en cette qualité.

Par ordre du Roi :
Le ministre secrétaire d'État de la guerre,
L. S.   *Signé :* Mⁱˢ V. DE LATOUR-MAUBOURG (2).

(1) Archives de la famille de Tarade. — (2) *Idem.*

No 39 (Voir page 69).

Le ministre secrétaire d'État de la guerre prévient M. de
Tarade (Gilbert-Philippe-Émile), garde de 3e classe dans les
gardes-du-corps du roi, compagnie de Gramont, que, par
ordonnance en date du 27 juillet 1825, Sa Majesté l'a nommé
à un emploi de garde de 2° classe dans la même compagnie,
et que, par l'effet de cette nomination, il est promu au grade
de lieutenant, à dater du dit jour, 27 juillet.

M. le lieutenant général, duc de Gramont, capitaine des
gardes, est informé de cette nomination.

Paris, le 29 juillet 1825.

Signé : Mis DE CLERMONT-TONNERRE.

Vu par nous, sous-intendant militaire
des Gardes-du-Corps du Roi,

Paris, le 1er décembre 1825.

L. S.   Signé : WEYLER DE NAVAS (1).

N° 40 (Voir page 68).

*Brevet de chevalier de l'ordre royal et militaire du Christ
(Portugal).*

Cavalheiro de Tarade, subdito de Sua Magestade O Imperador dos Francezes. Eu El Rei de Portugal e dos Algarves, etc,
vos Envio muito sodar.

Attendendo ao vosso merecimento manifestado com a pu-
blicação da obra, de que sois autor, sobre a physiologia; e
Querendo conferir vos um publico testemunho da Minha

(1) Archives de la famille de Tarade.

Munificencia : Hei por bem Nomear-vos Cavalheiro da Real Ordem Militar Portugueza de Nosso Senhor Jesus Christo. O que Me pareceu participar vos para vossa intelligencia e satisfaçao; e para que possaes desde j'a usar das respectivas insignias vos Mando esta Carta. Escripta no Paço da Ajuda em quatorze de Março de mil oicentos sessentia e seis.

Signé : EL RÉ.

Et plus bas : JOAQUIM ANTONIO D'AGUIAR.

Je reconnais véritable la signature ci-dessus de Son Excellence M. Joaquim Antonio d'Aguiar, Ministre de l'Intérieur de S. M. très-fidèle.

Paris, le 10 mai 1866.

Le Ministre de Portugal,

L. S.   *Signé :* VICOMTE DE PAÏVA.

Para o Cavalheiro de Tarade, subdito de Sua Magestade O Imperador dos Francezes.

Vu à la Grande Chancellerie et inscrit au registre matricule des Ordres étrangers, sous le n° 15,848.

N° 41 (Voir page 68).

MAXIMILIANO, EMPERADOR DE MEXICO.

Queriendo dar un testimonio de Nuestra benevolencia y estimacion à DON EMILIO DE TARADE, Lo nombramos CABALLERO de la Orden Imperial de GUADALUPE.

Dado en Orizava, el trece de noviembre de mil ochocientos sesenta y seis.

MAXIMILIANO.

Por el Emperador,

Il Gran Canciller

J. DE D. PEZA.

Registrado à fl. 73 del libro respectivo; part. n° 2,711.

Mexico Enero 21 de 1867.

Por el Encargado de la Cancilleria

El Oficial de la Seccion

LUIS MAZA Y HEBRO.

Vu à la Grande Chancellerie et inscrit au registre matricule des ordres étrangers, sous le n° 16,913.

———

M. Émile de Tarade, ayant envoyé à Sa Majesté le roi de Suède et de Norwége plusieurs de ses ouvrages, notammen un chant national pour la Suède, dont il avait composé les paroles et la musique, Sa Majesté Charles XV a daigné l'honorer de l'envoi de la médaille royale de Suède, en or, *Litteris et Artibus*.

———

N° 42 (Voir page 69).

Légation de Suède
et de Norwége.

Paris, le 11 août 1867.

Monsieur,

J'ai l'honneur de vous informer que le Roi, mon Auguste Souverain, vous a conféré une médaille en or, à porter, avec l'inscription *Litteris et artibus.*

J'ai l'honneur de vous transmettre ci-après cette médaille, et vous prie d'agréer, Monsieur, avec mes félicitations de cette marque de bienveillance Royale, l'assurance de ma parfaite considération.

Le Ministre de Suède et de Norwége,

Baron ADELSWARD.

A Monsieur Émile de Tarade, lieutenant de cavalerie en retraite, professeur libre de Physiologie comparée, etc. etc.

Vu à la Grande Chancellerie, et inscrit au registre matricule des ordres étrangers, sous le n° 17,679.

N° 43 (Voir page 69).

AU NOM DE L'EMPEREUR,

Nous, Ministre d'État au Département de l'Instruction publique,

Vu les décrets du 17 Mars 1808, du 7 Avril et du 27 Décembre 1866,

Avons nommé M. DE TARADE OFFICIER D'ACADÉMIE, et

l'autorisons à porter la décoration attachée à ce titre par les décrets ci-dessus visés.

Fait à Paris, au Ministère de l'Instruction publique, le 2 avril 1869.

Signé : V. DURUY.

Par le Ministre :

Le Conseiller d'État, Secrétaire général,

L. S.   *Signé :* CHARLES ROBERT.

Bureau
du
Secrétariat.

Nantes, le 13 novembre 1839.

Le Maire de la ville de Nantes,

Chevalier de la Légion d'honneur,

A Monsieur de Tarade, Professeur d'Anatomie et de Physiologie comparées ;

Monsieur,

Les Cours que vous vous proposiez d'ouvrir en cette ville reçoivent déjà, de l'élite de notre société, un accueil encourageant, et qui témoigne, à la fois, et de l'attrait qu'inspire l'étude de la science physiologique, et de la juste confiance que vous vous êtes acquise par la supériorité de vos enseignements.

Voulant vous donner, Monsieur, une preuve de l'intérêt que je prends à vos succès, je me suis empressé de mettre à votre disposition la salle de la Mairie où siége ordinairement le Conseil municipal.

Je me ferai en outre un vrai plaisir d'assister à vos leçons,

si mes travaux administratifs m'en laissent le loisir, et je me
féliciterai ainsi d'apporter mon tribut d'admiration pour les
phénomènes de la nature que vous savez décrire avec tant
d'habileté.

Agréez, Monsieur, l'assurance de ma considération la plus
distinguée,

Signé : FERDINAND-FAVRE.

N° 45 (Voir page 70).

Ministère
de
l'Instruction publique.

Académie de Poitiers.

Secrétariat général.

2ᵉ Bureau.

N° 3897.

Le Ministre d'État au dépᵗ de l'Instruction
publique,

Vu l'article 54 du décret du 17 mars 1808,.

Arrête :

M. de Tarade, propriétaire à Amboise, est autorisé à faire,
dans cette ville et dans celle de Tours, pendant l'année scolaire 1865-1866 un Cours public d'enseignement supérieur
sur le sujet ci-après indiqué :

Physiologie comparée.

Fait à Paris, le 19 Xᵇʳᵉ 1866.

Signé : V. DURUY.

Pour ampliation :

Le Conseiller d'Etat, Secrétaire-Général,.
Signé : CHARLES ROBERT.

Pour copie conforme :.
Le secrétaire de l'Académie.

L. S.   Signé : BONNECOEUR.

N° 46 (Voir page 70).

Académie
de
Paris.
—

Université de France.

Le Ministre Secrétaire d'Etat au département de l'Instruction publique,

Vu l'article 54 du décret du 17 mars 1808,

Arrête :

M. de Tarade, propriétaire à Amboise, est autorisé à faire,
à Blois, pendant l'année scolaire 1865-1866, un Cours public
de *Physiologie comparée*.

Fait à Paris, le 9 mars 1866.

Signé : V. Duruy.

Pour ampliation :

Le Conseiller d'État, Secrétaire-Général,

L. S.   *Signé :* Charles Robert.

N° 47 (Voir page 70).

Extrait du *Journal de Loir-et-Cher* du 30 novembre 1866.

« M. de Tarade a repris, dimanche dernier, son Cours de
physiologie comparée, devant un auditoire encourageant, où
les dames étaient en nombre. M. le Préfet de Loir-et-Cher,
M. le Maire de Blois et d'autres notabilités de la ville assis-
taient à cette séance de rentrée. Le zélé vulgarisateur nous
est revenu avec la même verve et le même entrain que nous
lui connaissions. Il n'a point la prétention de faire des leçons
académiques ; lui-même convient des libres allures de son
enseignement un peu fantaisiste ; il court à travers champs,
mais on le suit avec plaisir et sans la moindre fatigue. C'est
la manière aisée d'un homme du monde et non le dogma-

tisme rigoureux d'un professeur de collége ou de Faculté. Toutefois la lumière et la vérité jaillissent de ces entretiens familiers et variés. Deux grandes et nobles idées paraissent constamment inspirer le maître ou plutôt l'ami sympathique et dévoué qui répand si largement sa parole vive, abondante et facile : c'est, d'une part, le désir de se rendre utile à ses semblables ; de l'autre, la mission volontaire de montrer le côté religieux et divin des merveilles de la nature. Chaque fois que l'occasion s'en présente, M. de Tarade proteste énergiquement contre les doctrines sceptiques et matérialistes ; il flétrit l'athéisme déclaré ou déguisé, l'attaque dans ses derniers retranchements, et le confond par la voix éloquente des êtres infiniment grands ou infiniment petits. Tous, en effet, ne proclament-ils pas l'existence et le pouvoir providentiel d'un Créateur souverain ? Ainsi donc, sous une forme légère en apparence, l'habile improvisateur sait glisser adroitement des considérations de la plus haute portée. Les vertus morales trouvent également leur place légitime dans ces rapides aperçus, qui touchent à une foule de questions palpitantes d'intérêt et d'actualité... Mais ce serait peu de les estimer, de les préconiser en théorie, si on ne les pratiquait. L'exemple confirme et rehausse le précepte ; M. de Tarade nous l'a prouvé d'une manière agréable, en terminant sa brillante et intéressante causerie. Les pauvres inondés d'Amboise, sa patrie d'adoption, lui doivent le produit inespéré d'un concert de bienfaisance, organisé par son initiative, par ses soins, et presque à ses propres frais. Dans cette fête charitable, dont il était l'âme, le studieux naturaliste, poète et musicien à ses heures de loisir, a lu, comme il la sentait, une pièce de vers qu'il avait composée sur les récents désastres d'un terrible cataclysme. L'auteur de cet à-propos nous a gratifié d'une nouvelle récitation, accentuée, chaleureuse, émue comme la poésie elle-même ; puis il a distribué des exemplaires de sa brochure, productive d'offrandes en faveur

des victimes du fléau. C'est assurément le plus louable usage
que l'on puisse faire des ressources multiples d'un talent
souple et ingénieux pour le bien : c'est mettre l'esprit et
l'imagination au service du cœur; l'intention généreuse est
à la hauteur du mérite littéraire (1). »

N° 48 (Voir page 70).

Mairie d'Amboise.

—

Arrondiss. de Tours
(Indre-et-Loire).

Amboise, le 30 avril 1866.

—

Monsieur,

Je me fais un devoir de vous adresser mes bien vives félicitations sur le zèle et le dévouement dont vous avez fait
preuve, en professant pendant tout l'hiver à l'hôtel-de-ville,
avec autant de succès que de désintéressement, un Cours de
Physiologie Comparée. En cherchant ainsi à vulgariser des
connaissances aussi éminemment utiles, tant sous le rapport
scientifique, que sous celui hygiénique, vous avez acquis des
droits incontestables à la reconnaissance de vos concitoyens;
aussi suis-je heureux de pouvoir constater que vos efforts
pour le bien public ont reçu la récompense la plus précieuse
qu'un homme de cœur puisse ambitionner, dans l'assistance
et les applaudissements d'un nombreux et sympathique auditoire. Il serait désirable, dans l'intérêt de la moralité et de
l'instruction, que d'aussi utiles enseignements, mis avec
autant de bonheur que vous l'avez fait à Amboise à la portée
de toutes les intelligences, trouvassent dans toutes les loca-
lités d'aussi fervents et d'aussi habiles propagateurs.

Je vous prie, Monsieur, d'agréer l'expression de ma gra

(1) Le signataire de ce bienveillant article est M. A. Dupré, le
savant et modeste conservateur de la Bibliothèque publique de
Blois.

.titude personnelle, et de celle des habitants d'Amboise, pour le double service que vous avez rendu en cette circonstance à l'humanité et à la science.

Veuillez recevoir, Monsieur, l'assurance de mes sentiments distingués,

Le Maire d'Amboise,

L. S.   *Signé :* C. GUINOT.

A Monsieur de Tarade, Professeur de Physiologie, Chevalier de l'Ordre Royal du Christ (Portugal).

N° 49 (Voir page 70).

Département
de Loir-et-Cher.
—
Mairie de Blois.

Blois, ce 13 mai 1867.

Monsieur,

Je crois devoir vous remercier, au nom de la ville, du Cours public de Physiologie Comparée que vous avez fait à Blois l'année dernière et celle-ci. Déjà vous aviez, il y a près de trente ans, inauguré dans nos murs un enseignement pareil, et vos leçons, à cette première époque, furent suivies assidûment, comme celles que vous venez de nous donner. Vous avez fait preuve d'un véritable désintéressement; car votre Cours a été entièrement gratuit, et les frais de transport d'Amboise à Blois sont même demeurés à vos charges personnelles. Votre abnégation et votre dévouement prenaient leur source dans le désir généreux de vous rendre utile à vos voisins, en leur communiquant le résultat d'études persévérantes et en leur adressant de sages conseils, fruits d'une longue expérience. Cet enseignement populaire, aussi agréable qu'instructif, avait un but essentiellement pratique; outre ses applications journalières à l'hygiène et aux besoins de la vie matérielle, il offrait un côté moral

qui ne pouvait manquer d'élever les âmes. Votre fidèle auditoire, composé d'hommes intelligents et d'un certain nombre
de dames, vous aura su gré de ces notions variées et de ces
démonstrations lucides, faites pour captiver l'attention des
gens du monde, sans l'effrayer ni la fatiguer. Vous possédez
l'art difficile de répandre de l'intérêt, voire même du charme,
sur des matières parfois très-arides. Je ne doute pas que
la science, présentée sous une forme aussi attrayante, n'ait
produit parmi nous un bien réel ; encore une fois, je vous
en témoigne ma vive satisfaction et ma sincère gratitude :
tel est d'ailleurs le sentiment unanime des personnes qui
ont suivi votre Cours; je suis heureux de me constituer ici
l'interprète de leurs sentiments non équivoques et de leur
juste reconnaissance.

Agréez, Monsieur, l'assurance de ma considération la plus
distinguée,

Le Maire,
Signé : RIFFAULT.

A Monsieur de Tarade, au château de Belleroche, près
Amboise.

———

N° 50 (Voir page 70).

Département
d'Indre-et-Loire.
—
Mairie de Tours.

Secrétariat.
N° 245
—

Tours, le 25 mai 1867.

Le Maire de Tours,
Chevalier de la Légion d'honneur,

A Monsieur Émile de Tarade, Chevalier de l'Ordre Royal et
militaire du Christ (Portugal), et de l'Ordre Impérial de Guadalupe, Professeur libre de Physiologie Comparée.

Monsieur,

Au moment où vous terminez les conférences publiques et
gratuites sur la Physiologie Comparée, commencées l'année

dernière et continuées avec succès cette année, l'Administration Municipale s'empresse de vous remercier en son nom et au nom de la ville, de votre zèle et du désintéressement dont vous avez fait preuve en supportant, seul, les frais de déplacement qu'elles ont nécessités.

Votre tâche était difficile ; mais vous l'avez remplie à la satisfaction de tous : esprit, savoir, diction facile ont tour à tour captivé l'attention de votre nombreux auditoire.

En vous témoignant sa vive gratitude, l'Administration Municipale est l'interprète des sentiments de reconnaissance de tous ceux qui ont suivi vos intéressantes conférences.

Recevez. Monsieur, l'assurance de ma considération très-distinguée,

Le Maire de la ville,

L. S.   *Signé* : Eugène Gouin.

N° 51 (Voir page 73).

Nous, soussignés, anciens officiers de la Garde Constitutionnelle du Roi Louis XVI, Chevaliers de l'Ordre Royal et militaire de Saint-Louis, certifions à qui il appartiendra que M. Louis-Nicolas de Tarade, notre camarade, a, encore bien que le corps ait été licencié, fait un service particulier chez Sa Majesté Louis XVI, jusqu'au 10 août inclusivement, journée dans laquelle il a couru les plus grands dangers.

En foi de quoi, nous lui avons délivré le présent certificat.

Fait à Paris, le 26 décembre 1814.

Signé : François d'Averton, aide-major de la 2ᵉ division ; Falgueretes, ancien Lieutenant-Colonel de la Garde du Roi ; Le Bon, Lieutenant-Colonel, chevalier de Saint-Louis, ancien officier de la Garde du Roi ; Boisdeffre, Maréchal-de-Camp, Lieutenant-Colonel dans la Garde du Roi (1).

(1) Archives de la famille de Tarade de Corbeilles (Loiret).

N° 52 (Voir page 84).

Aujourd'hui 15 juillet 1814, le Roi étant à Paris et prenant entière confiance en la valeur, la bonne conduite et la fidélité du sieur Tarade (Augustin), Garde-du-Corps de Monsieur, Compagnie d'Escars, Sa Majesté lui a conféré le grade de sous-lieutenant de Cavalerie, pour tenir rang à dater du 15 juillet 1814.

Mande, Sa Majesté, etc.

Par ordre du Roi, le Ministre Secrétaire d'Etat de la Guerre.

Signé : DUC DE FELTRE (1).

————————

N° 53 (Voir page 87).

FILIATION SUIVIE DE LA FAMILLE DE ROTROU.

(Relevée en grande partie sur titres, à Dreux).

JEAN ROTROU, né vers 1450, sous Charles VII, mort vers 1545.

Il eut trois enfants :

1° THOMAS ROTROU, dont la postérité s'est éteinte au XVII° siècle.

2° ALAIN ROTROU, mort en 1562.

3° PIERRE ROTROU, mort sans postérité connue.

Alain Rotrou eut deux enfants :

A. — JEAN DE ROTROU, mort en 1594.

B. — ALAIN DE ROTROU, mort en 1601.

(1) Archives de la famille de Tarade de Corbeilles.

Jean de Rotrou eut pour fils :

JEAN ROTROU, né en 1578, qui épousa Elisabeth Lefàcheux, et qui eut deux fils :

1° JEAN ROTROU, le poète, avocat au parlement, lieutenant particulier de la ville de Dreux, né le 21 août 1609, marié le 9 juillet 1640, à Marguerite Le Camus, de Nantes, mort le 27 juin 1650 (1).

2° PIERRE ROTROU, conseiller-secrétaire du roi Louis XIII, maison couronne de France, commissaire des guerres aux armées d'Allemagne, né le 29 juin 1616, mort à Paris, le 15 mars 1702.

Jean Rotrou eut trois enfants :

A. — JEAN DE ROTROU, né en 1644, prêtre, promoteur et curé du Chêne, mort à Dreux, le 12 novembre 1706.

B. — ELISABETH DE ROTROU, née le 23 septembre 1646, décédée religieuse à Pont-de-l'Arche.

C. — MARGUERITE DE ROTROU, née le 17 septembre 1648, religieuse à Chartres.

Pierre Rotrou eut deux enfants :

1° JEAN-BAPTISTE-RENÉ DE ROTROU, conseiller-secrétaire du Roi, maison couronne de France, mort en 1712.

2° MICHEL-CHRÉTIEN DE ROTROU, président au Parlement, sous Louis XV et Louis XVI, qui eut pour fils :

JEAN-BAPTISTE-FRANÇOIS DE ROTROU, chevalier, puis seigneur de Saudreville, né le 16 juin 1770, mort le 24 février 1848, étant maire de la commune de Saudreville. Il avait épousé, le 4 décembre 1796, Amélie-Louise-Joséphine Bourgois-Burgos, née le....., décédée le 24 février 1847.

(1) Voir, au foyer du Théâtre-Français, l'admirable buste de Rotrou, par Caffieri.

Ils eurent cinq enfants :

1º Michel de Rotrou, né le 15 décembre 1797, chevalier de la Légion d'honneur, juge consulaire à Paris, conseiller d'arrondissement de Sceaux, maire de Montreuil-aux-Pêches. Il a épousé, le 9 septembre 1822, demoiselle Fanny Toulon-Bellaunay.

Leurs enfants sont :

A. — Cécile de Rotrou.

B. — Jenny de Rotrou.

C. — Pauline de Rotrou.

D. — Claire de Rotrou, religieuse de l'ordre de Sᵗ-Vincent-de-Paule.

E. — Ernestine de Rotrou, religieuse de l'ordre de Sᵗ-Vincent-de-Paule.

F. — René de Rotrou.

G. — Albert de Rotrou.

H. — Saint-Remy de Rotrou, officier de marine.

I. — Ange de Rotrou, épouse Ollivier.

J. — Christine de Rotrou.

2º Agathe de Rotrou, née le 23 mars 1800, a épousé Auguste de Loubens, marquis de Verdalle.

Leurs enfants sont :

A. — L'abbé Alfred de Verdalle, premier aumônier de la Maison Impériale de la Légion d'honneur de Saint-Denis.

B. — Louise de Verdalle.

C. — Angéline de Verdalle, décédée religieuse de Saint-Maur.

D. — Amédée de Verdalle, marié à demoiselle Octavie de Servières.

3° Angélina de Rotrou, née le 23 novembre 1805, mariée le 17 mai 1825, à Nicolas-Augustin-Alfred de Tarade.

Leurs enfants sont :

A. — Arthur-Sixte-Nicolas de Tarade (issu d'un premier lit).

B. — Amélie-Louise de Tarade, mariée à Jules-Jacques Cœur de l'Étang.

C. — Odile-Marie de Tarade, chevalier de la Légion d'honneur, commandeur de l'Ordre de Saint-Grégoire-le-Grand, officier de l'Ordre Impérial de Guadalupe, payeur en chef de l'expédition française à Rome.

D. — Céline-Joséphine de Tarade.

E. — Gaston-Augustin de Tarade.

4° Emilie de Rotrou, née le 16 mai 1810, mariée le 28 août 1827, à Charles de May, comte de Termont.

Leurs enfants sont :

A. — Gustave de Termont.

B. — Gabrielle de Termont.

C. — Henri de Termont.

5° Ernest de Rotrou, né le 26 juillet 1812, décédé le 21 novembre 1856. Il avait épousé, le 9 juin 1847, sa nièce Cécile de Rotrou, ci-dessus nommée.

Leurs enfants sont :

A. — Jeanne de Rotrou.

B. — Hubert de Rotrou.

N° 54 (Voir page 92).

FILIATION DE LA FAMILLE CŒUR.

§ I. Pierre Cœur, commerçant de la ville de Bourges, en 1397, eut quatre enfants :

1° Nicolas Cœur, né à Bourges, évêque de Luçon, prélat de grande distinction, mort en septembre 1451. Inhumé dans la cathédrale de Bourges.

2° Etiennette Cœur, née vers 1394, mariée en 1425, à Jean Bochetel, natif de Reims, secrétaire du roi Charles VII, trésorier et receveur des finances de Marie d'Anjou, reine de France, puis secrétaire du roi Louis XI. Les Bochetel portent d'*azur à trois glands d'or*; supports, deux lions; cimier au chêne de sinople, fruité d'or (1). Leur fille Maguelone épousa, en 1435, Guillaume de Varge, lieutenant, associé de Jacques Cœur.

3° Jacques Cœur, né à Bourges en 1390. Anobli par Charles VII, le 10 août 1440, à Laon, où les lettres de noblesse furent vérifiées en la chambre des comptes; baron de Saint-Fargeau, seigneur de Champignelle, la Villeneuve-la-Genest, du Puysaie, de Toussy, de Beaumont, d'Augerville-la-Rivière, de Saint-Maurice-sur-l'Averon, de Mel-le-Roy, de Boulancourt, de Gironville, de Maubranches, etc. Surintendant des finances en 1450, conseiller et grand argentier du roi Charles VII; épousa, en 1418, Macée de Léodepart, fille de Lampart de Léodepart, prévôt de Bourges, officier confident de Jean de France, duc de Berry, dont il eut cinq enfants. Jacques Cœur mourut le 25 novembre 1456, en exil, à l'île de Chio, après l'injuste confiscation, en 1453, de tous ses

(1) Par allusion à son alliance et à son propre nom, les descendants de Jean Bochetel adoptèrent cette devise : « De Cœur et de Bouchetel (Bouche tel). » (Tiré des Mémoires de Mre Michel de Castelnau, t. III, p. 141).

biens, et fut enterré en la dite île, dans l'église des Cordeliers.

4° Perrette Cœur, née vers 1407, épousa en 1435 Jean de Villages, natif de Bourges. Associé de Jacques Cœur pour le trafic du Levant, il vint habiter Marseille où il laissa une nombreuse postérité.

§ II. Jacques Cœur eut cinq enfants de Macée de Léodepart, avons-nous dit.

1° Jean Cœur, né en 1421, nommé, à vingt-cinq ans, archevêque de Bourges, en août 1446, mort en 1483.

2° Henri Cœur, doyen de l'église de Limoges, chanoine de la métropole et de la Sainte-Chapelle de Bourges, frère jumeau du précédent.

3° Ravault Cœur, né en 1433, mort sans postérité en 1453.

4° Geoffroy Cœur, seigneur de la Chaussée, conseiller, maître d'hôtel et échanson du roi Louis XI, nommé par lui chevalier, fut réintégré dans les biens de son père, par lettres patentes du roi Louis XI, en août 1463. Il épousa en cette même année, Isabeau Bureau, fille de Jean Bureau, baron de Montglat, grand-maître de l'artillerie de France. Il mourut le 21 octobre 14.. et fut inhumé dans le chœur de la chapelle des Bons-Enfants, à Paris, où sa maison fut, depuis, appelé hôtel d'Estrées. Il eut quatre enfants.

5° Perrette Cœur, mariée en 1447 à Jacquelin Trousseau, fils d'Artauld Trousseau, vicomte de Bourges, seigneur de Mareuil et de Sainte-Palaie.

Les quatre enfants de Geoffroy Cœur furent :

A. — Marie Cœur, née en 1465. Dame de Gironville, de Boulencourt, d'Augerville (en Gâtinais). Elle épousa, en 1486, Eustache Luillier, seigneur de Saint-Mesmin, président des comptes, et lui apporta en dot le domaine d'Augerville, qui

13

avait été donné à Jacques Cœur par Charles VII, en récom
pense de ses bons et loyaux services.

B. — Germaine Cœur, dame de Beaumont, de Montgla
de Sancy. Elle épousa Louis de Harlay, chevalier, seigneu
de Césy.

C. — Jacques Cœur, seigneur de la Chaussée. Il mouru
en 1498, sans postérité.

(Ici il y a une lacune.)

§ III. François Cœur, né vers 1620, épousa N... vers 164
Il mourut à Coullons-sur-Loire, le 18 juin 1668. Il eut quatr
enfants.

§ IV. 1° Pierre Cœur, né en 1650, Lieutenant de la Châte
lenie de Coullons, en 1707. Il épousa, en 1672, Marie Gaurie
et en eut deux enfants.

2° Sylvain Cœur, né en 1652, seigneur de la Bergerie, pro
cureur fiscal à Coullons, en 1705; il épousa, en 1681, Ann
Fernon, et mourut en 1710. Il eut quatre enfants.

3° Anne Cœur, épousa Nicolas Bimbault, et mourut à Cou
lons, le 26 décembre 1678.

4° Jean Cœur, né en 1654 ou 1655; mort à Coullons,
20 août 1668.

Nous avons dit que Pierre Cœur avait eu deux enfants.

§ V. A. — Jean Cœur, né vers 1674, procureur fisca
bailly de Coullons en 1710. Il épousa, en 1700, Jeanne Gr
goire, dont il eut deux enfants.

B. — Marie Cœur, née à Coullons, le 15 mars 1676.

Sylvain Cœur, avons-nous dit, eut quatre enfants.

1° Anne Cœur, née en 1682, mariée en 1703 à Jean Brul
dont elle eut deux enfants.

2° Sylvine Cœur, née en 1684, mariée, en 1704, à Je
Bezard. Elle en eut deux enfants.

3° Pierre Cœur, né vers 1687, licencié-ès-lois en 1715.

4° Jeanne Cœur, née en 1690, mariée à Coullons, le 9 juin 1711, à Jean Mahis.

Les deux enfants de Jean Cœur furent :

A. — Sylvain Cœur, né en 1702, procureur fiscal en la Châtellenie de Coullons, en 1723. Il épousa (à Montargis, Loiret), en 1727, Catherine Divers, et mourut, en 1742, laissant un fils.

B. — Marie-Jeanne Cœur, née à Coullons, le 15 avril 1705, morte en 1710.

Le fils de Sylvain Cœur et de Catherine Divers fut

§ VI. Sylvain Cœur, né en 1728, conseiller du roi, juge magistral honoraire au bailliage et présidial de Montargis; maire de cette ville, en 1770. Il épousa à Saint-Maurice-sur Averon, le 6 février 1748, Marguerite Rabier, fille de Jean Rabier, seigneur de Botron, avocat au Parlement, conseiller honoraire en l'élection de Gien. Sylvain Cœur mourut à Saint-Maurice, le 3 mai 1788, laissant trois enfants.

§ VII. 1° Jacques-Philippe-François Cœur, né le 28 novembre 1748, à Saint-Maurice, conseiller du roi, juge au siége présidial de Montargis, maire de Saint-Maurice. Il épousa, en 1774, Marguerite-Madeleine Mengin et mourut à Saint-Maurice, le 9 octobre 1808, laissant trois fils.

2° Pierre-Louis Cœur de l'Étang, né le 8 décembre 1749, à Saint-Maurice, lieutenant des grenadiers royaux de l'Orléanais, épousa, le 19 juin 1785, à Gien, Marie-Anne-Julie Chartier de Bergeville du Rochoir, et mourut à Saint-Maurice, le 15 février 1811. Sept enfants sont issus de ce mariage.

3° Angélique-Madeleine Cœur, née à Saint-Maurice, le 6 février 1752, morte le 12 décembre 1780.

De Jacques-Philippe-François Cœur sont issus :

§ VIII. A. — Auguste Cœur, né en 1775, à Montargis; servi dans les Gardes d'honneur et mourut sans postérité.

B. — N. Cœur (de Mousseau); mort en Russie, dans le guerres du premier empire, sans postérité.

C. — Louis-Ovide Cœur, né à Montargis, le 15 octobre 178 Il épousa, en 1810, Madeleine-Emilie Guillet-Gudin, et ft maire de Saint-Maurice de 1814 à 1832; mort à Aillan-su Milleron, le 22 janvier 1865, laissant trois filles.

Les sept enfants de Pierre-Louis Cœur de l'Étang furent :

1° Louise-Alexandrine Cœur de l'Étang, née le 6 octob 1786, à Gien; morte en 1792.

2° Pierre-Jacques Cœur de l'Étang, né le 2 mars 178 mort le 15 mars 1789.

3° Louis-Alcide Cœur de l'Étang, né à Gien, le 16 se tembre 1791. Il épousa, en 1813, Louise-Euphrasie Mésang fille de Julien-André Mésange, chevalier de la Légion d'ho neur, sous-préfet de Montargis, et mourut le 3 mai 182 laissant trois enfants.

4° Madeleine Cœur de l'Étang; morte le 7 août 1794.

5° Honorine Cœur de l'Étang; morte le 1er frimaire an I de la République.

6° Clémentine Cœur de l'Étang; morte le 28 frimaire an VI de la République.

7° Jules Cœur de l'Étang, né à Gien, le 14 messidor an I de la République, mort le lendemain.

De Louis-Alcide Cœur de l'Étang sont issus :

§ IX. A. — Louis-Alphonse Cœur de l'Étang, né à Monta gis, le 4 juillet 1814, capitaine adjudant-major au 8° rég ment d'infanterie légère, démissionnaire. Il épousa, en 184 demoiselle Marie de Corradi, (née en Espagne), et n'a p d'enfants.

B. — Louise-Honorine-Félicie Cœur de l'Étang, née à Sai

Maurice, le 15 janvier 1816. Elle épousa, en 1836, Emile Léorier de l'Isle.

C. — Louis-Jules-Jacques Cœur de l'Étang, né à Saint-Maurice, le 18 février 1819. Il épousa, le 6 avril 1847, Amélie-Louise de Tarade, fille de Nicolas-Augustin-Alfred de Tarade de Corbeilles et d'Angélina de Rotrou. Ils ont trois enfants.

§ X. 1° Ange-Euphrasie-Marguerite Cœur de l'Étang, née à Saint-Maurice, le 6 mai 1848.

2° Henri-Jacques Cœur de l'Étang, né à Saint-Maurice, le 18 février 1850.

3° Marie-Thérèse-Sixtine Cœur de l'Étang, née à Nogent-sur-Vernisson, le 11 novembre 1852.

N° 55 (Voir page 95).

NAPOLÉON, par la grâce de Dieu et la volonté nationale,

EMPEREUR DES FRANÇAIS,

Chef souverain et Grand-Maître de l'Ordre Impérial de la Légion d'honneur,

Voulant donner une preuve de Notre satisfaction à M. de Tarade (Odile-Marie), payeur particulier, détaché à l'expédition du Mexique, né le 15 mars 1829, à Corbeilles (Loiret), pour les services qu'il a rendus à l'État, l'avons nommé chevalier de l'Ordre Impérial de la Légion d'honneur, pour prendre rang à compter du 8 août 1862 et jouir du titre de chevalier et de tous les droits, honneurs et prérogatives qui y sont attachés.

Fait au palais des Tuileries, le 2 juillet 1863.

Signé : NAPOLÉON.

Par l'Empereur, le grand Chancelier de l'Ordre Impérial de la Légion d'honneur,

Signé : HAMELIN.

N° 56 (Voir page 95).

N° 185.

Maximiliano, Emperador de México queriendo, dar un testimonio de nuestra benevolencia y estimacion à D. Odile de Tarade, pagador de 2ª clase, lo nombramos, caballero de la orden imperial de Guadalupe.

Dado en México, el seis de Julio, mil ocho cientos sesenta y cinco.

MAXIMILIANO.

Por el Emperador
el gran Canciller,
ALMONTE.

N° 57 (Voir page 96).

N° 631.

Maximiliano, Emperador de México,

Queriendo dar una prueba de nuestra benevolencia a D. Odilon-Maria de Tarade, pagador de 1ª clase del Cuerpo expedicionario, lo nomembramos Oficial de la Orden Imperial de Guadalupe.

Dado en el palacio de México el dies y seis de setiembre de mil ochocientos sesenta y seis.

MAXIMILIANO.

Por el Emperador,
el Gran Canciller,
J. DE D. PEZA.

N° 58 (Voir page 96).

Dilecto Filio Odilli Mariæ de
Tarade in Gallicis copiis
expeditionalibus stipendiis.

PIUS PP. IX.

Dilecte Fili, Salutem et Apostolicam Benedictionem. Qui ad sacrosancta Apostolicæ Sedis jura tutanda, et ad civilem Nostrum ejusdem Sedis Principatum vindicandum operam suam contulerint, æquum est, ut eos amplissimis honestemus titulis, ac præcipuis beneficentiæ testimoniis prosequamur. Jam vero quum tu, dilecte fili, unus ex strenuis sis, qui ab illustri Gallorum Imperatore in auxilium Nostrorum militum contra scelestissimos hostes missi sunt, in eam mentem venimus, ut splendidissimum tibi deferamus titulum, qui Nostram in te propensam voluntatem testetur. Te igitur præcipuo honore decorare volentes, et a quibusvis excommunicationis et interdicti, aliisque ecclesiasticis sententiis, censuris, et pœnis quovis modo, vel quâvis de causâ latis, si quas forte incurreris, hujus tantum rei gratiâ absolventes, ac absolutum fore censentes, Auctoritate N ^{ra} Ap. licâ, harum Litterarum vi, te Equitem Commendatorem Ordinis S. Gregorii Magni, classis militaris, eligimus et constituimus, teque in ornatissimum hujusmodi Equitum cœtum et numerum cooptamus. Tibi proinde concedimus, ut majoris moduli Crucem auream octangulam, rubra superficie imaginem S. Gregorii Magni in medio referentem, quæ tœnia serica rubra ad utramque oram flava, collo inserta dependeat, gestare libere ac licite possis et valeas. Ne quod vero discrimen in hoc gestando insigni contingat, appositum schema tibi tradi mandamus.

Datum Romæ apud S. Petrum sub Annulo Piscatoris die. XIV. Februarii MDCCCLXVIII. Pontificatus   Nostri
Anno Vigesimosecundo

L. S.   *Signé* : V. CARD^{is} PARACCIANI CLARELLI.

(Ici est apposé l'anneau du pêcheur.)

N° 59 (Voir page 100).

Ministère
de la
Maison de l'Empereur.

Palais des Tuileries, 28 octobre 1862.

Secrétariat général.

Monsieur,

Vous avez composé les paroles et la musique d'un hymne intitulé : *Vive la France!* qui a obtenu un véritable succès au concert de la fête nationale du 15 août dernier, où il a été exécuté.

Je vous annonce avec plaisir que Sa Majesté l'Empereur a daigné, à cette occasion, m'autoriser à vous offrir la médaille ci-jointe.

Recevez, Monsieur, l'assurance de ma considération distinguée,

Le maréchal de France,
Ministre de la Maison de l'Empereur,
Signé : VAILLANT.

A Monsieur A. de Tarade.

N° 60 (Voir page 100).

VIVE LA FRANCE!

HYMNE NATIONAL.

I

Vive la France !
A ce grand nom gloire à jamais !
O Dieu ! qui donnes la puissance,
Protège toujours les Français !

Embràsant l'univers des feux de son génie,
Du monde intelligent la France est le rayon :
La France, à chaque gloire étroitement unie,
A toutes les grandeurs ouvre son Panthéon;
Des siècles à venir espérance bénie,
La France avec orgueil poursuit sa mission :
Art, progrès, liberté, civilisation!

II

     Cœur et vaillance,
   Du ciel pour nous précieux dons,
   Esprit chevaleresque en France
   Par-dessus tous nous possédons.
Notre âme avec ardeur aux jeux sanglants se livre :
Bayard, Condé, Duquesne à nos cœurs parlent haut!
Que de grands souvenirs ces grands noms font revivre
Des cimes du Liban aux rives de l'Escaut!
O France! mon regard se fatigue à les suivre,
Tous ces noms immortels inscrits sur ton drapeau :
Tours, Damiette, Rocroi, Lens, Denain, Marengo!...

III

     Dans la balance
   Jetant le glaive de Brennus,
   Du sommet des Alpes s'élance
   Un héros, nouveau Julius.
L'Europe la connait, cette vaillante histoire,
Où, pour nous, chaque étape est une ovation :
Par lui, pendant quinze ans, conduits à la victoire,
A travers les cités de chaque nation

Nos soldats triomphants ont promené leur gloire...
A leur vue on s'écrie avec émotion :
Austerlitz ! Iéna ! Wagram ! Napoléon !

IV

De notre histoire
L'horizon brillant s'obscurcit,
Mais le baptème de la gloire
Nous régénère et nous grandit.
Un jour, de l'étranger, souillant notre frontière,
Sur nous comme un limon le flot s'est répandu :
Mais, la France soudain jetant son cri de guerre,
A sa voix par milliers ses fils ont répondu.
Comment les contempler sans que l'âme en soit fière,
Eux, par qui notre honneur fut si bien défendu ?..
Est-il fleuve du monde où nos coursiers n'aient bu !..

V

A de tels pères
Succédons-nous moins glorieux,
Nous qui les portons ces bannières
Que si haut portaient nos aïeux ?
Ah ! j'en atteste ici plus d'une renommée :
Alger, l'Alma, l'Isly, Magenta, Palestro,
Vous tous, sanglants combats des plaines de Crimée,
Remparts de Malakoff, champs de Solférino !
Pour son Dieu, pour l'honneur, où que la France armée
Frappe du pied le sol, en Syrie, au Peï-hos,
Partout il en jaillit des milliers de héros !...

VI

Mais c'est assez de gloire, oui ! c'est assez de guerres ;
Il est d'autres lauriers dont nous sommes jaloux.
Les gloires des combats sont des gloires amères,
L'olivier de la paix a des fruits bien plus doux !
La France est ce soleil immense qui féconde
Tout germe de progrès, tout grain de liberté ;
Plus de haine entre nous ! les peuples en ce monde
Sont frères devant Dieu, devant l'humanité ;
Tendons-nous donc la main, et signons l'alliance,
        Ardente ambition,
Faisant battre le cœur de notre noble France
Qui n'a plus qu'un désir : la paix et l'union !

ARTHUR DE TARADE.

Paris, Mars 1862.

N° 61 (Voir page 107).

« La frégate *l'Oiseau*, de vingt-deux canons de 8, sortie de Brest en même temps que la division de M. d'Orvilliers, pour escorter un convoi allant à St-Malo, était près de l'île de Bas, lorsque M. le chevalier de Tarade, qui la commandait, aperçoit derrière lui un gros bâtiment qu'il reconnaît être une grosse frégate anglaise qui lui donnait la chasse et devait bientôt le rejoindre. Malgré son infériorité, M. de Tarade se décide à aller le combattre pour sauver son convoi. En conséquence, après avoir fait signal à sa corvette de continuer avec le convoi en serrant la terre, il vire de bord sur l'ennemi et l'attaque. Le combat s'engage presque vergue à vergue ; il essaie d'aborder et reste un demi-quart d'heure accroché à la frégate anglaise, lorsque, écrasé par la supériorité du feu de l'ennemi, démâté de son mât d'artimon, et percé à l'eau par un grand nombre de boulets, M. de Tarade amène son pavillon, et sa frégate, hors d'état de manœuvrer, est conduite par la frégate *l'Apollo*, de vingt-six canons de 12, commandée par le capitaine Pownell. M. le chevalier de Tarade avait reçu plusieurs blessures pendant le combat, dont il avait caché les premières, quoique assez graves, pour ne pas inquiéter son équipage. Son état-major était composé de M. de Baor, enseigne de vaisseau, de MM. de Halcocq, Danier, Lecidée et Duclos, officiers auxiliaires, et de MM. de Belzim et Watrouville, gardes de la marine.

« Sur le rapport du capitaine Pownell, de la défense glorieuse du capitaine de *l'Oiseau*, M. le chevalier de Tarade reçut à Plimouth la visite des chefs de la marine, qui lui témoignèrent toute la considération qu'ils avaient pour la bravoure et la hardiesse de ses manœuvres. Ils lui procurèrent, et à son équipage, tous les secours qu'ils pouvaient désirer. Les blessés furent particulièrement bien traités, reconnaissant en cela les intentions particulières qu'on avait eues à Brest pour le capitaine Windson qui, de prisonnier de M. de Beaumont était devenu son ami. » (Pages 47-48-49 du tome Iᵉʳ des *Mémoires et voyages du chevalier Aristide Aubert du Petit-Thouars, capitaine de vaisseau, chevalier de l'Ordre royal et militaire de Saint-Louis, ou Recueil des écrits qu'il a laissés, composant l'histoire de sa vie jusqu'au moment où il s'est enseveli sous les débris du vaisseau* le Tonnant, *au combat d'Aboukir*. Paris, imprim. de Patris, 1822.)

N° 62 (Voir page 110).

Nous soussignés Denis-François-Nicolas de Cappy, chevalier de l'ordre royal et militaire de Saint-Louis, lieutenant colonel de cavalerie, et Anne Marguerite Andrée de Tarade, mon épouse, que j'autorise à l'effet des présentes, demeurant en notre château d'Oiry, reconnaissons avoir reçu par les mains de M. Varnier, greffier du baillage du comté de Chaalons, pairie de France, dépositaire des deniers provenant de la vente des meubles et effets de feu M. Germain Dubois de Crancé, vivant gouverneur de Chaalons et faubourg, y commandant pour le roy, décédé le 3 juin 1775; de M. Germain-Jean-Baptiste Dubois de Chantrenne, licencié es lois, prévôt en garde magistrat, juge criminel et de police de l'échevinage de Chaalons, y demeurant; et de Jean de Cappy, chevalier, capitaine au régiment de Lionnois infanterie, demeurant au château de Montljois la Montagne, près Metz, tous les deux seuls héritiers purs et simples du d. Sr Germain Dubois de Crancé, leur oncle, la somme de vingt mille livres de principal, à laquelle ils ont été condamnés envers nous solidairement avec Dame Marie-Anne-Françoise de Parvillé, veuve du d. Sr Germain Dubois de Crancé, par sentence de la pairie de Chaalons du 22 aoust 1776. Ensemble la somme de deux mille quatre cent livres pour les intérêts jusqu'à ce jour, déduction faitte des vingtièmes, et deux sols pour livres, et dépens adjugés par la ditte sentence, nous étant restraint à la d. somme de deux mille quatre cent livres, pour les dits intérests et dépens par compensation, ce bonne volonté pour nos dits frère et cousin. Au moyen duquel payement la ditte Dame veuve et les dits héritiers de mon dit sieur de Crancé demeurent entièrement quittes et déchargés envers nous des condamnations prononcées à notre profit par la susditte sentence. En conséquence donnons main levée pure et simple de l'opposition par nous formée entre les mains de M⁰ Varnier, greffier de la dite pairie et dépositaire des deniers provenant de la vente des meubles et effets du dit deffunt sieur Germain Dubois de Crancé ; déclarons tenir quitte des condamnations de la dite somme de vingt mille livres interests et dépens, ma dite dame veuve du dit sieur de Crancé, n'entendre l'inquiéter ny rechercher en façon quelconque, et consentons qu'à son égard la ditte sentence soit regardée comme non avenue. Fait au château d'Oiry, le quatrième septembre mil sept cent soixante dix huit.

Approuvé l'écriture cy-dessus.

Signé : CAPPY, TARADE, de CAPPY (1).

N° 63 (Voir page 142).

ACTES ET ENQUÊTES OFFICIELS
CONSTATANT LA NOBLESSE DE LA FAMILLE DE CAPPY.

I.

Arrêt du conseil du Roi, contresigné Béchamel, rendu le 2 octobre 1664, sur le rapport de Colbert, à la requête d'Anne Collet (2), veuve de Toussaint de Cappy, écuyer, commissaire des guerres, « et l'un des vingt-sept réservés pour la conduite de la cavalerie légère, qu'il a toujours eue, » réformant au profit de la dite Anne Collet, veuve de Cappy, et de ses enfants mineurs, un premier arrêt surpris à la Cour des Aides de Paris, le 28 juin 1663.

(1) Archives de la famille de Tarade.
(2) COLLET, famille de Champagne anoblie en 1440, maintenue par Caumartin.

II.

Lettres en latin données à Mantoue, le 28 avril 1700, par le duc-souverain Ferdinand-Charles V, rappelant, en raccourci, depuis l'an 1403, la filiation des Malatesta de Mantoue, devenus Cappy après « Joannes-Franciscus *noncupatus* Cappinus, vir præclarus, semper agens, ad regem Galliæ principesque Italiæ ablegatus, ab augustissimo Carolo V, imperatore amplissimo diplomate, in nobilem et domesticum familiorem susceptus, ad Francorum regem in nuntium a Sanctissimo Pontifice Clemente VII missus; » lequel, enfin, « primarias aulicas dignitates occupavit. » Elles concèdent les titre, rang, dignité, honneurs et prérogatives des *marquis*, à *Antoine* et à *Charles Malatesta, fratres Cappy de Petrosanis.*

[Anciennes archives de Mantoue : Registre *Secretorum*; 1700 à 1707; F° n° 10, pp. 12, 13, 14. — Archives générales de Milan.]

III.

Lettres Patentes de *Reconnaissance* et *Confirmation de noblesse,* données en octobre 1716, vérifiées au Parlement, et enregistrées en Cour des Aides de Paris, le 26 avril 1719, en faveur de *François-Joseph de Cappy,* Maréchal des Camps et Armées du Roi, chr. de St-Louis, sgr des Grand et Petit Ecury, de Champagne, etc., et de ses neveux *François* et *Jean-François-Florimond de Cappy,* écuyers, sgrs d'Athis, Oiry, La Cheppe, Cuperly, etc., par lesquelles S. M. les reconnaît encore pour être issus de l'ancienne maison des *Malatesta de Cappy de Mantoue.* [Archives de l'Empire, — *Armorial* de d'Hozier, VII Registre, Partie II.]

IV.

Preuves de noblesse devant le Juge d'armes des Écoles militaires, pour *Henri-Louis-François* et *François Roland de Cappy*, nommés Élèves du Roi au collège St-Louis-du-Fort, à Metz.

Elles établissent la noblesse des huit lignes : *de Cappy, De Musnier* de Lartige, *Dubois de Crancé, de Parvillez, de Sailly, Loys de la Grange-aux-Ormes* aujourd'hui de Lagrange, *de Fay d'Athies, de Beauvais* [sg^{rs} de Neuville, Autruche, etc., en Champagne].

V.

Preuves de noblesse, faites en 1780 devant d'Hozier de Sérégny, Juge d'armes des Écoles Royales Militaires, pour l'admission, au 21 octobre de la dite année, d'Henri-Louis-François de Cappy à l'École Militaire de Pont-à-Mousson. Mêmes preuves pour son frère cadet François-Roland de Cappy (Bibliothèque Impériale de Paris, — Cabinet des titres).

VI.

Preuves de noblesse, demandées par la Chancellerie I. et R. d'Autriche (1861) à Mlle Agnès, née Baronne Trauttenberg, chanoinesse-aspirante des Chapitres nobles de l'Empire, et Cappy par la comtesse Mathilde de Cappy, sa mère, fille d'Henri-Louis-François de Cappy ci-dessus nommé. Les lignes maternelles françaises, produites et vérifiées par titres, étaient : de Cappy, Dubois de Crancé, de Sailly, de Fay d'Athies; Hoverden-Planken (Prusse), et Wengusti, qui donnent lieu à quatre quartiers, étant tenues pour chapitrales.

VII.

En 1789, plusieurs Cappy furent convoqués dans les bailliages de Briey (Moselle), de Châlons et de Vitry-le-Français
(Marne), pour l'élection des députés de l'ordre de la Noblesse
aux États-généraux. A Châlons, les voix de la noblesse se par-
tagèrent entre Gilles-Jean-François-Denis de Cappy, chevalier,
seigneur d'Athies, ancien capitaine au régiment royal de
Champagne, chevalier de Saint-Louis, et le baron de Pinte-
ville de Cernon, qui ne fut proclamé Député de la Noblesse
aux États-généraux qu'au troisième tour de scrutin, par
65 voix seulement. Le mémoire particulier de M. de Cappy
fut encore joint, par décision de l'assemblée, au cahier de ses
doléances.

SERVICES MILITAIRES

DE LA FAMILLE DE TARADE.

Nous avons pensé qu'il serait à propos de présenter un ensemble des services militaires de la famille, en réunissant dans un même groupe les états de service de ses différents membres. On y a joint l'indication de ceux de ses membres dont il n'a pas été possible de se procurer les états de service ; mais leur qualité d'officier étant relatée dans plusieurs des pièces authentiques qui font partie des présentes notes, il ne peut exister de doute à cet égard.

Au moment de mettre sous presse, il a paru logique d'établir les services de la famille d'après la succession des temps, en commençant par Jacques de Tarade, dont les services remontent à 1661. C'est pourquoi l'ordre des lettres va se trouver interverti, et l'on devra les chercher dans l'ordre suivant :

.(Voir lettre K, page 100).

EMPIRE FRANÇAIS.

Par Ordre du Ministre Secrétaire d'État de la Guerre,

Le Conseiller d'État, Directeur,

Certifie que des registres matricules et documents déposés aux archives de la Guerre a été extrait ce qui suit :

TARADE.

Employé comme ingénieur aux fortifications de Belle-Isle en 1661
Employé aux ouvrages de Versailles en. 1663
Employé aux fortifications de Pignerol et du fort La Pérouse en . . . . 1666 et 1667
Employé aux fortifications de Charleroi en 1668
Employé aux fortifications d'Ath, du Quesnoy, et de Charleroi; directeur des fortifications de Nancy en . . 1674
Directeur des fortifications de Brisach, de Béfort, de Saverne, de Haguenau et de la Petite-Pierre en . . . 1675
Directeur des fortifications de Schélestadt en . . . 1676
Capitaine au régiment de Piémont-infanterie en. . 1676
Major de la place de Dôle en 1681
Directeur des fortifications des places d'Alsace en . 1703
A dirigé les siéges de Kehl, de Brisach et de Landau en 1703
Brigadier à ce dernier siége.
Retiré avec une pension de 2,000 fr. en. 1712

Décorations.

Chevalier de Saint-Louis en . . . . . . , . 1703

A obtenu des lettres de noblesse en 1673, pour ses services, lors de la défense de Charleroi en 1672, sous le Cte de Montal. Asssitait au combat de Saverne en 1676.

Fait à Paris, le 13 mars 1867.

Pour le Conseiller d'État, Directeur,

Le Sous-Directeur,

L. S.   A DE FORGE.

Pour extrait, vérifié :   Le Sous-Chef,   Le Chef,

HERBIEN.   Em. CHEVALIER.   DELAHOURDE.

SÉBASTIEN DE TARADE (page 45).

Ainsi que nous l'avons dit (page 142), il n'a pas été possible de se procurer l'extrait des services de Sébastien de Tarade : mais nous avons reproduit (n° 16, page 141), son brevet sur parchemin, signé de la main du roi, et contresigné Chamillart, brevet dont nous possédons l'original, et nous avons cité, dans la note de la page 142, les diverses pièces authentiques où Sébastien de Tarade est qualifié du titre de *Capitaine de dragons.*

Lettre L (Voir page 103).

EMPIRE FRANÇAIS.

Par Ordre du Ministre Secrétaire d'État de la Guerre.

Le Conseiller d'État, Directeur,

Certifie que des registres matricules et documents déposés aux archives de la Guerre a été extrait ce qui suit :

TARADE fils (1).

Employé comme ingénieur en 1708
   (Envoyé à Toulon).
Rang de Capitaine réformé au régiment de Norman-
die (infanterie) . . . . sans date
Mort le . . . . 10 juin 1717

A été dangereusement blessé à l'épaule et à eu le bras cassé au siége de Girone (1710).

Fait à Paris, le 13 mars 1867.

Pour le Conseiller d'État, Directeur,

Le Sous-Directeur,

A. DE FORGE.

Pour extrait, vérifié :   Le Sous-Chef.   Le Chef,

HERBIEN.   EM. CHEVALIER.   DELAHOURDE (2).

(1) Il s'agit ici de Jacques-Gabriel.
(2) Archives de la famille de Tarade.

Lettre M (Voir page 103).

EMPIRE FRANÇAIS.

Par Ordre du Ministre Secrétaire d'État de la Guerre,

.Le Conseiller d'État, Directeur,

Certifie que des registres matricules et documents déposés aux archives de la Guerre a été extrait ce qui suit :

Chevalier TARADE.

Employé comme ingénieur en. 1712
Et envoyé à Strasbourg.
A servi au siége de Strasbourg en 1713
Lieutenant réformé au régiment de la Marine. (sans date)
Retiré à la fin de 1718

Fait à Paris, le 13 mars 1867.

Pour le Conseiller d'État, Directeur,

Le Sous-Directeur,

L. S.   A. DE FORGE.

Pour extrait, vérifié :   Le Sous-Chef,   Le Chef,
HERBIEN.   E. CHEVALIER.   DELAHOURDE (1

(1) Archives de la famille de Tarade.

Lettre B (Voir page 48).

EMPIRE FRANÇAIS.

Par Ordre du Ministre Secrétaire d'État de la Guerre,

Le Conseiller d'État, Directeur,

Certifie que des registres matricules et documents déposés aux archives de la Guerre a été extrait ce qui suit :

TARADE (1), Lieutenant au régiment d'infanterie de Piémont le. . . . . . 1er décembre 1733.
Capitaine, le . . . . 24 novembre 1741.
A abandonné en . . . 1748.

Fait à Paris, le 13 mars 1867.

Pour le Conseiller d'État, Directeur,
Le Sous-Directeur,
L. S.   A DE FORGE.

Pour extrait,   Vérifié : Le Sous-Chef,   Le Chef,
HENNET.   V. SAUSSINE.   DELAHOURDE (2).

(1) C'est Jacques-François.
(2) Archives de la famille de Tarade.

Lettre C (Voir page 53).

EMPIRE FRANÇAIS.

Par Ordre du Ministre Secrétaire d'État de la Guerre,

Le Conseiller d'État, Directeur,

Certifie que des registres matricules et documents déposés aux archives de la Guerre a été extrait ce qui suit :

TARADE (Odile-Sébastien), fils de Sébastien TARADE, écuyer, ex-officier de dragons, et d'Anne-Catherine des Janots, né le 20 juillet 1714, à Paris.

Reçu ingénieur et lieutenant en 1735
Avait servi trois ans.
Capitaine en 1745
Ingénieur en chef en . 1756
A obtenu une pension de retraite, par décision du . . . . 20 janvier 1777
Mort le . . . 12 avril 1785
à Châlons-sur-Marne.

Campagnes.

A assisté aux siéges de Fribourg 1744
et de Maëstricht ; 1748
A fait la campagne de. 1737
en Westphalie,
Et celle de 1758
en Allemagne.
Chevalier de Saint-Louis, en 1748

Fait à Paris, le 13 mars 1867.

Pour le Conseiller d'État, Directeur :

Le Sous-Directeur,

L. S.   A. DE FORGE.

Pour extrait,   Vérifié : Le Sous-Chef,   Le Chef,
HENNET.   V. SAUSSINE.   DELAHOURDE (1).

(1) Archives de la famille de Tarade. — Voir à la suite des états de services, le détail des services d'Odile-Sébastien.

Lettre A (Voir page 42).

EMPIRE FRANÇAIS.

Par Ordre du Ministre Secrétaire d'État de la Guerre,

Le Conseiller d'État, Directeur,

Certifie que des registres matricules et documents déposés aux archives de la Guerre a été extrait ce qui suit :

TARADE DUMENEL, Comte de Corbeilles (François-Gabriel), fils de Jean-Odile Tarade, Écuyer, et de Marie-Catherine Le Gaigneur, né le 19 novembre 1717, à Paris.

Mousquetaire à la 1re compagnie le . .	7 octobre 1741
Rang de lieutenant le	15 octobre 1746
Réformé en	1748
Replacé au régiment de Berry (cavalerie) le	1er décemb. 1753
Aide-major le.	30 novemb. 1754
Rang de capitaine le	7 juin 1757
Major le.	10 février 1759
Réformé en	1762
Major du régiment d'Artois (cavalerie) le	5 juin 1763
Lieutenant-colonel le	1er janvier 1768
A obtenu une pension de retraite par décision du	13 mars 1771
Mort le	23 février 1787

Décorations.

Chevalier de Saint-Louis en	1762

Fait à Paris, le 13 mars 1867.

Pour le Conseiller d'État, Directeur,

Le Sous-Directeur,

L. S.   A. DE FORGE.

Pour extrait, · Vérifié : Le Sous-Chef,   Le Chef,

HENNET.   V. SAUSSINE.   DELAHOURDE (1).

(1) Archives de la famille de Tarade.

JACQUES-LOUIS DE TARADE (page 106).

On n'a pas pu nous procurer son extrait de services au ministère de la Guerre ; mais nous le trouvons mentionné comme Mousquetaire du roi (de la première compagnie) dans le contrat de mariage de son cousin Odile-Sébastien et de Nicole Dubois de Chantrenne, passé à Paris, le 20 janvier 1759. Voir un extrait dudit contrat de mariage dans le n° 24 (page 149).

Lettre N (Voir page 107).

EMPIRE FRANÇAIS.

Ministère de la Marine et des Colonies.

Par Ordre du Mininistre Secrétaire d'État de la Marine et des Colonies.

Le Directeur de la Comptabilité générale.

Certifie que des registres matricules ou documents conservés aux Archives de la Marine a été extrait ce qui suit :

DE TARADE (Jacques-François-Marie), né à Paris, le 20 mars 1739, fils de M. Jacques de Tarade, Écuyer, Chevalier de Notre-Dame de Mont Carmel et de St-Lazare de Jérusalem, et de Marie Du Pont du Vivier. — Petit-fils de M. de Tarade, Directeur-général des fortifications d'Alsace et Major de Dôle. — Parent de M. Vallière, Lieutenant-général des armées du Roi.

Garde de la Marine le	1er sept. 1755
Chef de Brigade le	1er janvier 1761
Brigadier des Gardes de la Marine le .	1er octobre 1764

Lieutenant de vaisseau le . . . . . .   24 mars 1772
Chevalier de Saint-Louis le   . . . .   27 sept. 1776
Lieutenant-colonel le . . . .   13 mars 1779
Capitaine de vaisseau le   . . . . . .   4 avril 1780
Retiré du service à cause de sa santé le   18 février 1785
Avec 3,000 livres de pension sur le Trésor royal.

Campagnes.

Sur le *Prudent* en 1755
Sur le garde-côte l'*Héroïne* en 1757
Sur le *Belliqueux* en 1758
Sur le *Magnifique* en 1760
Sur la prame la *Charlotte* en 1761
Sur la prame l'*Élisabeth*. . . . . . { du. . . 1763
 { au 14 janv. 1763
Sur la frégate la *Tourterelle*. . . . { du. . . 1770
 { au 23 avril 1771
Sur l'*Écureuil* (escadre de M. de Gui- { du . . . 1775
chen, campagne d'évolutions) . . . . { au 22 sept. 1775
Commande la gabare l'*Esturgeon* en 1776
Sur la frégate l'*Oiseau*. . . . . . { du 1er mars 1778
 { au 19 sept. 1778
A commandé la frégate l'*Oiseau* du . . 20. sept. 1778
Livre, le 31 janvier 1779, *un combat*
contre une frégate anglaise plus forte en
artillerie.

Fait prisonnier et conduit en Angleterre.
De retour en France le 16   août   1779
Le Roi accorde, le 20 octobre 1779, une
pension de 800 livres à M. de Tarade
pour sa conduite dans cette affaire, les
blessures qu'il y a reçues et les pertes
qu'il a essuyées.

Sur le *Vaillant* en 1780

Sur l'*Alexandre* . . . . ⎰ du 30 juin 1780
⎱ au 25 mars 1781

Commande la frégate l'*Amphitrite* . ⎰ du 1ᵉʳ octobre 1781
⎱ au 6 septemᵇʳᵉ 1782

En foi de quoi le présent certificat a été délivré pour servir et valoir ce que de raison.

Fait à Paris, le 6 octobre 1868.

Le Directeur de la Comptabilité générale,
Signature illisible.

Pour extrait,   Vérifié : Le Conservateur adjoint,
DE BESBECQ.   OCTAVE DE BRANGER.

Le Conservateur, chef du bureau,
A. GALLET DE KULTURE (1).

MARC-LOUIS DE TARADE (page 108).

Il n'a pas été possible de se procurer son extrait de services. Il est cité comme ayant fait la guerre d'Amérique contre les Anglais, et comme étant mort en 1763 à Cayenne, où il commandait les troupes nationales.

(1) Archives de la famille de Tarade.

Lettre H (Voir page 75).

EMPIRE FRANÇAIS.

Par Ordre du Ministre Secrétaire d'État de la Guerre,

Le Conseiller d'État, Directeur,

Certifie que des registres matricules et documents déposés aux archives de la Guerre a été extrait ce qui suit :

De TARADE (Louis-Nicolas .

Né le 24 novembre 1764,

Cadet gentilhomme au régiment d'infanterie de Rouergue le	8 octobre 1780
Sous-lieutenant le	20 mai 1781
Lieutenant le	1er juin 1787
A abandonné le	15 sept. 1791
Lieutenant en 2e dans la garde constitutionnelle à pied du Roi (compagnie de Buisseret) en	1792
Licencié le	30 mai 1792
Se trouvait près du Roi dans la journée du	10 août 1792

Décorations.

Chevalier de Saint-Louis le. . . . .　　　26 octob^{re} 1814

    Fait à Paris, le 13 mars 1867.

        Pour le Conseiller d'État, Directeur,

           Le Sous-Directeur,

L. S.　　　　　　　　　　　　　　A. DE FORGE.

Pour extrait,　　Vérifié : Le Sous-Chef,　　Le Chef,

  HERBIEN.　　　　Em. CHEVALIER.　　DELAHOURDE (1).

Lettre D (Voir page 56).

EMPIRE FRANÇAIS.

Par Ordre du Ministre Secrétaire d'État de la Guerre,

Le Conseiller d'État, Directeur,

Certifie que des registres matricules et documents déposés aux archives de la Guerre a été extrait ce qui suit :

DE TARADE Jean-Baptiste-Odile,

Sous-lieutenant au régiment provincial de Paris, le . . . . 7 avril 1782

Sans mutation jusqu'au licenciement des troupes provinciales prescrit par la loi du . . . . 20 mars 1791

Lieutenant de 2ᵉ classe dans la garde constitutionnelle à pied du Roi, (comp^{ie} de la Chapelle)　en 1792

Licencié le. . . . . 30 mai 1792

Sans renseignements ultérieurs.

Fait à Paris, le 24 octobre 1868.

        Pour le Conseiller d'État, Directeur,

          Le Sous-Directeur,

           A. DE FORGE.

Pour extrait,　Vérifié : Pour le Sous-Chef,　Le Chef,

Signature illisible.　　　H. ROUILLARD.　DELAHOURDE (2).

(1) Archives de la famille de Tarade. — (2) *Idem.*

Lettre E (Voir page 53).

EMPIRE FRANÇAIS.

Par Ordre du Ministre Secrétaire d'État de la Guerre,

Le Conseiller d'État, Directeur,

Certifie que des registres et documents déposés aux archives de la Guerre a été extrait ce qui suit :

TARADE
DE MARTHEMONT,
(François-Sébastien)
fils d'Odile Tarade et
de Nicole Dubois, né
le 25 mai 1762, à Péronne.

3ᵉ Sous-lieutenant en pied au régiment d'infanterie de Rouergue le. . . . . 18 avril 1782
Sous-lieutenant 27 nov. 1782
Démissionnaire en octobre 1784
Lieutenant en 2ᵉ d'artillerie au régiment de Grenoble. 1ᵉʳ sept. 1785
Lieutenant en 1ᵉʳ au régiment de Besançon (devenu 9ᵉ régiment d'artillerie à pied) . . . . 1ᵉʳ avril 1791
Capitaine en 2ᵉ. 6 février 1792
Remplacé . . 17 septᵉ 1792

Campagnes.

1782 et 1783 sur mer.

Chevalier de St-Louis . . . . . . 31 janvier 1815

16

Services en émigration.

A déclaré avoir fait la campagne de 1792 à l'armée du duc de Bourbon.

Était domicilié à Triguères (Loiret) en novembre 1793.

Fait à Paris, le 21 octobre 1868.

Pour le Conseiller d'État, Directeur,

Le Sous-Directeur,

L. S.   A. DE FORGE.

Pour extrait,   Vérifié : Pour le Sous-Chef, Le Chef,

Signature illisible.   H. ROUILLARD.   DELAHOURDE (1).

Lettre F (Voir page 66).

EMPIRE FRANÇAIS.

Par Ordre du Ministre Secrétaire d'État de la Guerre,

Le Conseiller d'État, Directeur,

Certifie que des registres matricules et documents déposés aux archives de la Guerre a été extrait ce qui suit :

TARADE (Louis-Nicolas-Théophile)

Fils de François-Sébastien et de Marie Élisabeth (2), né le 25 novembre 1793,

à Triguères (Loiret).

Élève à l'école impériale spéciale militaire le . . . . 23 juill. 1810

Lieutenant en 2e au 8e régiment d'artillerie à pied le . . 1er mars 1813

Lieutenant en 1er le . . . . 1er nov. 1813

En non-activité le . . . . . . 1er sept. 1814

(1) Archives de la famille de Tarade.

(2) Le nom de famille de Lavenier a été omis par erreur dans cet état de services.

Lieutenant en 1er au 8e régiment d'artillerie à pied le . . . .   9 mars 1815

En non-activité, par suite du licenciement le. . . . .   9 nov. 1815

Lieutenant à la Légion départementale des Basses-Pyrénées, le. . . . . . .   30 juillet 1817

Capitaine le. . . . .   16 juin 1819

Passé au 58e régiment d'infanterie de ligne le . . . .   11 janvier 1821

Passé au 21e régiment de la même arme le . . . .   9 juillet 1824

Démissionnaire, le . . . .   20 juin 1828

Campagnes

1813, Magdebourg ; 1814, Wesel.

Fait à Paris, le 21 octobre 1868.

Pour le Conseiller d'État, Directeur,

Le Sous-Directeur,

L. S.   A. DE FORGE.

Pour extrait,   Vérifié : Pour le Sous-Chef,   Le Chef,
Signature illisible.   H. ROUILLARD.   DELAHOURDE (1).

Lettre G (Voir page 69).

EMPIRE FRANÇAIS.

Par Ordre du Ministre Secrétaire d'État de la Guerre,

Le Conseiller d'État, Directeur,

Certifie que des registres matricules et documents déposés aux archives de la Guerre a été extrait ce qui suit :

(1) Archives de la famille de Tarade.

Nom et signalement du militaire.	Détails des services.
De TARADE (Gilbert-Philippe-Émile), fils de François-Sébastien et d'Élisabeth Lavenier, né le 21 juillet 1800 (1). A Moulins (Allier). Marié le..... à D^lle Jeanne-Louise Gautié.	Fourrier à la suite de la Légion de l'Allier le . . 18 mars 1816 Sergent à ladite Légion le . . . 1er avril 1816 Sergent - major le . . . . . 1er mars 1819 Sergent-major, au 3e régiment d'infanterie de ligne le. . . . 27 nov. 1819

Garde de 3e classe aux Gardes-du-Corps du Roi (compagnie de Gramont) (rang de sous-lieutenant), le. . . . . 31 janvier 1821

Garde de 2e classe (lieutenant) le. . . . 27 juillet 1825

Licencié et mis en solde de congé dans le grade de lieutenant le. . . . . . . 11 août 1830

Retraité avec pension de 972 fr. par ordonnance du. . . . . 2 janvier 1847

Fait à Paris, le 28 janvier 1869.

Pour le Conseiller d'État, Directeur,
Le Sous-Directeur,

L. S.   A. DE FORGE.

Pour extrait,   Vérifié : Le Sous-Chef,   Le Chef,
HERBIEN.   Em. CHEVALIER.   DELAHOURDE (2).

(1) Il y a ici une erreur : Gilbert-Philippe-Émile de Tarade est né le 21 juin 1800.

(2) Archives de la famille de Tarade.

Lettre I (Voir page 84).

EMPIRE FRANÇAIS.

Par Ordre du Ministre Secrétaire d'État de la Guerre,

Le Conseiller d'État, Directeur,

Certifie que des registres matricules et documents déposés aux archives de la Guerre a été extrait ce qui suit :

Nom et signalement du militaire.	*Détail des services.*
De TARADE (Augustin) Né le 19 mai 1794, à Corbeilles (Loiret).	Garde-du-Corps du Cte d'Artois (sous - lieutenant de cavalerie) le . . . . . . 15 juillet 1814 Rentré dans ses foyers le . . . 26 mars 1815

Réintégré dans la compagnie le . . . 9 juillet 1815
Sous-lieutenant au 2e régiment de cui-
rassiers en. . . . . novembre 1815
Passé au 1er régiment de cuirassiers de
la garde royale le . . . . 11 avril 1821
Démissionnaire le. . . . . 29 nov. 1822

Fait à Paris, le 28 janvier 1869.

Pour le Conseiller d'État, Directeur,

Le Sous-Directeur,

L. S.   A. DE FORGE.

Pour extrait,   Vérifié : Le Sous-Chef,   Le Chef,
HERBIEN.   Em. CHEVALIER.   DELAHOURDE (1).

(1) Archives de la famille de Tarade.

Lettre J (Voir page 95).

Certificat de services.

Par Ordre du Ministre Secrétaire d'État des Finances,

Le Directeur du Personnel,

Certifie d'après les registres, sommiers et autres documents existant au ministère des Finances, que M. de Tarade (Odile-Marie), né à Corbeilles, département du Loiret, le 15 mars 1829, est entré dans l'administration centrale des Finances, en qualité de surnuméraire le . . . . 1er mai 1852

Et qu'il a été nommé successivement :

Commis ordinaire le	1er mai 1853
Commis principal le	1er janvier 1863
(Chevalier de la Légion d'honneur le .	août 1862)
Sous-Chef le	1er janvier 1868
Détaché à l'Armée d'Orient le . . .	16 mars 1854
Détaché à l'Armée d'Italie le . . .	26 avril 1859
Payeur particulier du Corps expéditionnaire du Mexique le	22 janvier 1862
Payeur en Chef du Corps expéditionnaire de Rome le	26 octobre 1867

Fonctions qu'il exerce encore aujourd'hui.

En foi de quoi le présent certificat a été délivré sur sa

demande à M. de Tarade, pour servir et savoir ce que de raison.

Paris, le 18 février 1869.

(*Signature illisible*) (1).

Une note, écrite de la propre main d'Odile-Sébastien de Tarade, et trouvée dans les archives de la famille de Tarade de Corbeilles, porte ce qui suit. C'est le détail des services seulement indiqués en masse dans l'extrait fourni par le ministère de la Guerre (page 206).

Tout a été scrupuleusement conservé dans la transcription de cette pièce.

ODILLE-SÉBASTIEN TARADE.

État des services d'Odille-Sébastien Tarade ch[er] de l'Ordre Royal et militaire de Saint-Louïs, ancien Ingénieur en chef agé de 59 ans.

Le s[r] Tarade a été admis le 1er février 1732 au nombre des Cadets Gentils-hommes entretenûs pour lors par Sa Majesté à la citadelle de Strasbourg (laqu'elle compagnie fût réuni vers la fin de 1732 à celle qui étoit a celle de Metz) et y a resté jusqu'au 20 de juillet 1733 qu'il a été nommé a une lieutenance dans un des bataillons de milice de la province de Champagne pour lors en garnison à Givet; et y a serui en laditte qualité jusqu'au 20 de janvier 1735, que le Roi a bien voulu l'admettre au Corps de ses Ingénieurs ordinaires.

(1) Archives de la famille de Tarade.

ÉPOQUES des augmentations des appointements, des graces et des gratifications qui ont été accordé au sr Tarade.	DATTES DES ORDRES DU MINISTRE.	PLACES dans lesqu'elles il a été employées.	NOMBRE des années de service dans lesd.es Places.
	Le 20 janvier 1735, le sr Tarade reçu ordre de se rendre à. . . . . . ou il a été employé en qualité d'ingénieur ordin.re pendant 2 ans cy.	Landau.	
	Le 16 mars 1737, il reçu ordre de se rendre à. . . . ou il a été employé aux nouveaux ouvrages qu'on y faisoit et ce pendant 5 ans cy. . .	Aire.	2 ans.
Le 19 mars 1739 ses appointements qui etoient de 600 livres furent mis a 750 livres.	Le 1er janvier 1742 il reçû ordre de se rendre a. . . . ou il a été employée une année cy.	Boulogne.	5
	Le 1er feurier 1743, il reçû ordre de se rendre a. . . . ou il a resté jusqu'au 25 aoust 1743, cy.	Montreuil-sur-Mer.	1
A son arrivée à Huningue, a reçû une gratification de 300 liv. pour frais de voyage.	Le 25 aoust 1743, il reçû des ordres pour aller seruir par interim jusqu'a de nouveaux ordres a. . . . . . ou il a a été emploié pendant sept mois aux trauaux du pont du Rhin et de Louvrage a Corne du marquisat de Dourlac cy	Huningue.	5 mois
	Le 8 avril 1744, le sr Tarade reçû des ordres pour aller servir à. . . . . . . ou il a resté jusqu'au 6 septembre 1744, qu'il reçû des ordres pour aller servir au siége de Fribourg cy. . . .	Strasbourg.	7 mois
	En conséquence le sr Tarade s'est rendu. . . . . . . et y a monté dix tranchées, et y a été chargé (quoique simple ingenieur) de faire un retranchement dans une des places d'armes rentrantes du front d'attaque, et y a été emploié pendant.	au siége de Fribourg.	5 mois
Le 5 feurier 1745 Sa Majesté lui a accordé la commission de capitaine reformée à la suite du régiment de Forest infanterie. Le 17 janvier 1748, il lui a été accordé une gratification de 500 livres et 150 livres d'augmentation d'appointements. Alors il a joui de 900 livres d'appointements.	Le sr Tarade est revenû à. ou il a fait les années suivantes les fonctions de chef en l'absence de M. Du Portal qui servoit a l'armée de Flandre, cy.	Strasbourg.	3 mois
	Le 18 feurier 1748, il reçû des ordres pour seruir à la suitte de l'armée de Flandres sous les ordres de M. le maréchal de Saxe et à été employé au siége de Maestreick, cy. .	Siége de Maestreick.	3 ans 3 mois
			3 mois
			13 ans 2 mois.

ÉPOQUE des augmentations des appointements, des graces et des gratifications qui ont été accordé au sr Tarade.	DATTES DES ORDRES DU MINISTRE.	PLACES dans lesqu'elles il a été employées.	NOMBRE des années de service dans lesd Places.
	D'autre part. . .	. . . . .	13 ans 2 mois.
Le 24 féurier 1749, le Roi lui aiant accordé la croix de St-Louis, il en a été décoré par M. le baron de Trelans son lieutenant de Roi à Strasbourg, le 23 mars 1749.	La paix étant faite le sr Tarade reçu ordre de se rendre à ou il à continué d'etre emploié pendant.	Strasbourg.	10 mois.
	Le 31 mars 1749 il reçu des ordres pour aller resseurir à ou il a été employé pendant un an, cy.	Landau.	
		. . . . .	1 ans.
Le 4 mars 1750, lui a été accordé 100 livres d'augmentation d'appointements. Dès lors il a joui de 100 livres d'appointements (*).	Le 25 mars 1750 il reçu des ordres pour aller seruir à. ou il a été emploié pendant 4 ans, cy.	Lille.	
		. . . . .	4 ans.
	Le 11 avril 1754 il reçu des ordres pour aller seruir à. ou il a été employé pendant 28 mois.	Metz.	
Le 8 avril 1754, lui à été accordé 200 livres d'augmentation d'appointements, ce qui lui à fait 1200 livres d'appointements.	NOTA. Pendant les 16 derniers mois le sr Tarade y a fait les fonctions de chef pour M de Lachaize qui n'étoit plus en état de seruir.		2 ans 4 mois.
Le 1er may 1756, lui a été accordé 400 livres d'augmentation sur ces appointements, ce qui lui a fait pour 1600 livres d'appointemens.	Le 3 may 1756, le sr Tarade reçu des ordres pour aller remplir les fonctions de Directeur en chef pour le Genie à ou il a resté 8 mois, cy.	Salins.	8 mois.
	Le 26 décembre 1756, il a reçu des ordres (lors de la réunion du Genie avec l'artillerie) de se rendre à.	Besançon.	
	Le Roi l'aiant nommé a une des compagnies du bataillon de Chabrié pour l'ors a Besançon et en conséquence des ordres de Sa Majesté la compagnie a laquelle il a été attachée et qui n'étoit qu'à 30 hommes, le sr Tarade la mise en moins de deux mois au nombre effectif de 50 hommes et a resté present audit bataillon pendant 3 mois, cy.		3 mois.
	Le bataillon dans lequel le sr Tarade étoit incorporé, n'étant point destiné à seruir en campagne, le 7 mars 1757 il reçu ordre de se rendre à. pour y etre emploié par interim à la conduitte des ouurages qui denoient y etre faits pendant ladite année 1757.	Dunkerque.	
			22 ans 3 mois

(*) Il y a ici une erreur manifeste dans le manuscrit. Le total des appointements était de 1000 livres.

EPOQUES des augmentations des appointements, des graces et des gratifications qui ont été accordé au sr Tarade.	DATTES DES ORDRES DU MINISTRE.	PLACES dans lesqu'elles il a été employées.	NOMBRE des années de seruice dans lesdes Places.
	D'autre part. .	. . . .	22 ans 3 mois.
	Le sr Tarade y a été chargé en chef de la reconstruction de la grande Ecluse et du curement du Grand Bassin et y a resté pendant 4 mois, cy.	. . . .	4 mois.
	Et le bataillon d'artillerie auquel le sr Tarade étoit attaché, etant destiné alors a seruir en campagne, il reçu ordre le 24 juin 1757 de l'aller rejoindre à Strasbourg pour le suiure à l'armée qui marchoit sur Hanovre.	Hanovre.	
	Arrivé à Hanovre il fut des le lendemain detachées avec plusieurs officiers à ses ordres dans differentes places, mais principalement à Brunswick, ou il a été emploié jusqu'au moment de son euacuation.	Brunswick.	
	Et en a fait la retraitte auec les pontons jusqu'a Menden, cy.	. . . .	10 mois.
	Le 12 may 1758, le sr Tarade reçu ordre de quitter la compagnie a laqu'elle il etoit attaché dans le bataillon de Chabrié pour rentrer dans le corps du Genie que le Roi venoit de retablir tel qu'il etoit auant la reunion des deux Corps.		
	Et il fût alors nommé pour seruir dans les brigades d'Ingenieurs destinés a seruir pendant la campagne commandé par S. A. S. Mgr le Comte de Clermont, en qualité de Chef de brigades.		
	Le sr Tarade a été envoié a Kaissesweu aux ordres de M. Beausobre, marechal de camp, pour en retablir en terre l'ancienne fortification de cette petite (*) et la mettre a l'abri d'un coup de main, et a seruila ladite armée pendant	Bas-Rhin.	
	Les brigades d'Ingenieurs aiant été licentié a la fin de decemb. 1758 en consequence des ordres du ministre, le sr	. . . .	8 mois.
			24 ans 1 mois.

(*) Le mot *ville* a été oublié sur le manuscrit.

EPOQUES des augmentations, des appointements, des graces et des gratifications qui ont été accordé au sr Tarade.	DATTES DES ORDRES DU MINISTRE.	PLACES dans lesqu'elles il a été employées.	NOMBRE des années de service dans lesdⁱˢ Places.
	D'autre part.		24 ans 4 mois.
	Tarade s'est rendu à. . . . ou il a été emploié en qualité d'Ingenieur en chef pendant six ans et (*) mois, cy. . . .	Péronne.	
		. . . . .	6 ans 3 mois.
	Le 19 mars 1765, il reçu des ordres pour aller seruir en ladite qualité à. . . . . pour y remplacer feu M. de Valory qui y etoit Lieutenant de Roy et Ingenieur en chef.	Toul.	

(*) Le mot *trois* a été oublié sur le manuscrit. (1).

(1) Archives de la famille Arthur de Tarade.

APPENDICE ET ERRATA.

Page 21 et 22. — Dans l'Armorial des familles nobles de France, par Saint-Allais, Paris, 1817, 1ʳᵉ livraison, page 157, lettre T, nous trouvons : DE TARADE. — En Champagne. — *D'azur à la fasce d'argent maçonnée de sable.* Mais Saint-Allais a probablement copié Dubuisson, car l'écusson de la famille de Tarade porte deux fasces d'argent et non pas une seule. (Voir page 120).

Page 31. — Jean Tarade, né vers 1596, mestre général des voies et bâtiments du roi, jouissait des prérogatives de la noblesse (Généalogie dressée par feu notre père François-Sébastien, de très-respectée mémoire).

Page 40. — Odile de Tarade. — Ce nom d'Odile était écrit tantôt avec deux *l* (voir au nº 3 des autographes), tantôt avec un seul. Cette manière de l'écrire a prévalu, et Odile-Marie de Tarade (page 95) ne signe pas autrement.

Page 50. — DUBOIS DE CRANCÉ. — La famille Dubois, originaire de Champagne, date de 1304, en la personne de Germain Dubois, premier du nom, frère de Anne Dubois, qui avait épousé Claude-Mémie Jourdain, conseiller du roi en l'élection de Châalons, seigneur de Chantronne.

Nous ne nous occuperons pas des intermédiaires, mais

prendrons seulement la descendance à Germain Dubois de Crancé, commissaire provincial des guerres en Champagne.

De son mariage avec Magdeleine de Parvillez, il a eu six enfants :

1° Germain Dubois de Crancé, dit l'aîné, commissaire des guerres au département de Champagne;

2° Claude Dubois de Livry, officier dans le régiment Dauphin-cavalerie;

3° Jean-Baptiste Dubois de Chantrenne, conseiller d'honneur au bailliage et siége présidial de Châalons, père de Jean Dubois de Chantrenne et de Nicole Dubois (pages 54 et 55);

4° Louise Dubois de Crancé, qui épousa M. Desfournais;

5° Germain Dubois de Crancé, écuyer de main de madame la Dauphine;

6° Jean Dubois de Marson.

Voir leurs signatures aux autographes. L'une d'elles porte Duboys, ainsi que l'acte de partage auquel elle se rapporte; et d'un autre côté la signature de Nicole Dubois (n° 12 des autographes), femme de Odile-Sébastien de Tarade, porte Dubois. Dans d'autres actes, et dans tous les papiers de la main de feu François-Sébastien de Tarade, ce nom est toujours écrit ainsi.

———

Page 57. — Le mariage de Jean-Baptiste-Odile de Tarade avec Gilberte-Étiennette Guyot, eut lieu le 14 janvier 1792.

———

Page 59. — Droiturier n'est pas à 28 kilomètres de Moulins, mais bien à 62 kilomètres, ce qui rend le fait encore plus extraordinaire. L'auteur assistait à cette course folle.

———

Page 67. — D'Hozier, en son manuscrit, Bourbonnois, page 444, écrit : N — femme de N. Villardin, écuier, Cons' du Roy, greffier en chef du bureau des finances de la généralité de Moulins, etc., porte : *D'or, porte d'azur, à une fasce d'argent brochant sur le tout.*

—

Page 73. — Gilbert-Philippe-Émile de Tarade a fait exécuter à Orléans, à grand chœur et à grand orchestre, au pied de la statue de Jeanne d'Arc, le 8 mai de la présente année (1869), anniversaire de la délivrance de cette ville par cette héroïque jeune fille, en 1429, une cantate qui a obtenu un très-grand succès, mais dont le principal mérite a été d'avoir produit des sommes importantes pour les pauvres de la ville d'Orléans, au profit desquels cette cantate a été gravée.

Enfin, pour terminer ce qui est relatif à Gilbert-Philippe-Émile de Tarade, nous dirons que s'étant présenté au splendide concert où devait être chanté la messe posthume de Rossini, des témoignages éclatants, unanimes et spontanés d'estime et de sympathie ont accueilli son entrée dans la salle du concert, fait qui s'était déjà produit lors de l'inauguration du cirque de Tours : quand Gilbert-Philippe-Émile de Tarade se leva pour aller conduire une de ses symphonies, il reçut un accueil flatteur tel qu'il lui fut impossible de prendre la parole pour remercier la très-nombreuse et très-brillante assemblée. Ajoutons qu'il est le seul à Tours à qui un pareil accueil soit réservé. En la présente année 1869, il recommence à Tours ses conférences publiques et gratuites sur la physiologie appliquée à la morale et à l'hygiène. Quant à son portrait, s'il a trouvé place, comme auteur de la présenet notice, parmi les photographies qui ornent cet ouvrage, c'est que sa famille l'a voulu.

—

Page 77. — Clément-Louis-Philippe-Ernest Eereman's, baron de Beaufort, est mort depuis l'impression de l'article qui le concerne, à Verdun, où il résidait, le 12 juillet 1869.

Le nom de Eeremans doit être écrit partout comme nous venons de le mettre ci-dessus : Eereman's.

———

Page 84. — Marie-Agathe-Zoé de Ménardeau, épouse Alfred de Tarade, née le 19 avril 1800, mourut le 1er avril 1823, au château de Corbeilles (Loiret). Son épitaphe porte :

> *Deo pietate virtutibusque grata,*
> *Marito, parentibus et amicis semper fleta.*

———

Page 98. — Augustin-Nicolas-Alfred de Tarade avait fait les premiers frais d'habillement et d'équipement de la compagnie des pompiers qu'il commanda. Dans un des nombreux incendies que réprima cette belle et utile compagnie, son digne capitaine, emporté par son zèle, eut un bras cassé par suite d'un accident. Il est mort depuis l'impression de l'article qui le concerne, au château de Corbeilles, où il résidait, le 7 juillet 1869.

———

Page 99, ligne 13 et 14. — Au lieu de *Vaujaulieu* et de *Bouders*, lisez *Vaujanlieu* et *Boubers*.

———

Page 100, ligne 2. — Au lieu de 27 décembre, lisez 29 décembre.

———

Pages 103 et suiv. — Une recherche faite dans le manuscrit de d'Hozier (Alsace, page 800), à la Bibliothèque impériale, et dont l'expédition signée du conservateur des manuscrits est entre nos mains, donne pour femme à Jacques Tarade, directeur des fortifications d'Alsace, Marie Lanier, comme nous l'avons dit page 103, où nous avons fait figurer son écusson. Ceci s'accorde avec ce que M. de Busserolle a inséré dans le supplément à la généalogie de la famille de Tarade, extrait du calendrier de la noblesse de la Touraine, de l'Anjou, du Maine et du Poitou, pour 1868. En effet, nous trouvons dans ce supplément, page 6, cette mention : « Alsace.— « page 800. — Marie Lanier, femme de M. Tarade, ingénieur « en chef et directeur des fortifications de la province d'Alsace, « porte : *d'azur à un chevron d'argent, accompagné de trois* « *étoiles de même.* » Ce qui est textuellement écrit dans notre notice, page 103.

Une autre recherche faite par M. Arthur de Tarade, dans le même manuscrit, donne pour résultat : (Alsace, page 800), Marie Lavier, femme de N. Tarade, ingénieur en chef et directeur des fortifications d'Alsace, porte : *de gueules, au lion d'or, et une jumelle d'azur brochant sur le tout.*

Ceci coïncide avec une note relative aux mêmes personnages, et que nous lisons dans la généalogie dressée par feu François-Sébastien de Tarade, ainsi qu'il suit : « Jacques « Tarade épousa Dlle Marie Lavier de la Caule, dont il eut neuf « enfants, desquels six ont été tués à la guerre, servant « comme ingénieurs. Son épouse était sœur de Charles Lavier, « conseiller au parlement. » (Ce grand nombre d'enfants n'est pas autrement justifié).

Il y a là contradiction et une grande obscurité. On concevrait que le conservateur des manuscrits, à la Bibliothèque impériale, eût pu lire Marie Lanier pour Marie Lavier, si les écussons des deux dames, entièrement différents, n'étaient là. Jacques, veuf de l'une de ces deux dames, a-t-il épousé l'autre? Le grand nombre d'enfants de Jacques pourrait le faire croire, mais ce fait même est incertain.

Dans un arbre généalogique dressé par notre père vénéré, Jacques est marqué comme laissant pour descendance trois enfants seulement, savoir : Jacques-Gabriel, une fille mariée à Antoine du Portal, et Martin-Antoine de Tarade. Cependant l'extrait authentique émané du ministère de la Guerre est formel, et ce chevalier Tarade (page 103) ne peut être que le second fils de Jacques. François-Sébastien, dans son travail, dont le texte ne s'accorde pas sur ce point avec son arbre généalogique, l'a-t-il compris dans le nombre de ceux qui avaient été tués à la guerre? Comment ne donne-t-il pas les prénoms de ceux-ci? Quant à Jacques-Gabriel, il résulte de nos recherches postérieures à l'impression du texte de cette notice, que c'est lui-même qui est désigné sous le nom de Tarade fils, dans l'extrait de services lettre L. Je le répète, il règne sur le mariage ou les mariages de Jacques, ainsi que sur ses enfants morts jeunes, beaucoup d'obscurité.

Ne pas perdre de vue que les mots *de la Caïlle* appliqués à Marie Lanier l'ont été par erreur, comme il est dit ci-dessous.

Page 102, ligne 26. — Supprimez *de la Caïlle*.

Page 105. — Devant Martin-Antoine de Tarade, mettez un 4 au lieu d'un 5.

Page 190, vers 17. — Ajoutez une virgule après le mot *portons*.

16.

Page 99. — Madame Anne-Caroline-Clémence de Varieux, épouse Arthur de TARADE, est assez proche parente de Sa Majesté l'Empereur Napoléon III, ainsi qu'on peut le voir par le tableau généalogique suivant :

AUTEUR COMMUN,
Marquis DES VERGERS DE SAUNOIS, comte DE MAUPERTUIS,
père de

Demoiselle de MAUPERTUIS, Dame TASCHER DE LA PAGERIE.	Et de M. le Comte de MAUPERTUIS, qui épousa demoiselle N.
│	│
Demoiselle Marie-Rose-Joséphine TASCHER DE LA PAGERIE, Dame Vicomtesse de BEAUHARNAIS (Impératrice Joséphine).	Demoiselle DE MAUPERTUIS, dame DE VARIEUX. Son mari a été massacré en 1793, à l'âge de trente ans, dans les prisons de la Pointe-à-Pitre (Guadeloupe).
│	│
Hortense de BEAUHARNAIS (Reine Hortense).	Benjamin - Paulin - Elisabeth de VARIEUX, qui épousa demoiselle de COURDEMANCHE DE LA CLÉMANDIÈRE.
│	│
Prince Louis-Napoléon BONAPARTE (Empereur Napoléon III).	Anne-Caroline-Clémence de VARIEUX, épouse Arthur de TARADE.

N° 26 des autographes. — Traduction, par M. Savinien Yver lui-même, des vers latins qu'il composa en 1831, lors du pillage du palais de l'archevêché de Paris.

———

Peuple impie! où t'emporte une aveugle fureur?
Si la soif du ravage a dévoré ton cœur,
A l'aspect de la croix, arrête!... A ta vengeance
Quelle offense l'expose? Elle est ton espérance :
C'est elle qui protége et bénit ton berceau,
Montre à tes yeux le Ciel, et te suit au tombeau!
Brise nos lys, ingrat, brise un glorieux signe,
Mais épargne la croix! c'est Dieu qu'elle désigne.

PLANCHES.

14. — Élisabeth de Lavenier, épouse de Tarade de Marthemont (p. 62).
15. — Marie-Françoise-Augustine-Constance de Tarade, épouse Eereman's de Beaufort (p. 75).
16. — Le comte de Ménardeau (p. 84).
17. — Deux dessins à la plume, de la main de Sébastien de Tarade, datés de 1712.

AUTOGRAPHES.

—

22. — Marie-Françoise-Augustine-Constance de Tarade, épouse Eereman's de Beaufort (p. 75).
23. — Louis-Nicolas-Théophile de Tarade (p. 65).
24. — Louis-Nicolas de Tarade de Corbeilles (p. 73).
25. — Adolphe Betin (p. 64).
26. — Savinien Yver (p. 57).
27. — Gilberte-Étiennette Guyot, épouse Yver (p. 57).
28. — Marie-Agathe-Zoé de Ménardeau, épouse Alfred de Tarade (p. 84).
29. — Clément-Louis-Philippe-Ernest Eeremans's, baron de Beaufort (p. 77).
Sans numéro. — Denis-Joseph-Villhardin de Marcellange (p. 57).

Tours. — Imp. E. MAZEREAU, rue Richelieu, 11.

1

JACOBUS PARADE   NOBILIS SCUTA:
lux Militaris in jure   Sancti LUDOVICI quo
et Patriæ munimen   Senem Provediæ

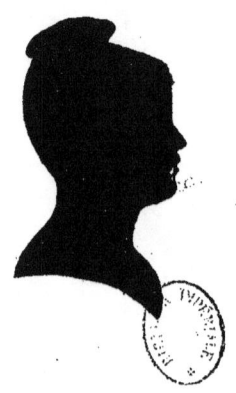

15

16

Veüe de la ville de Torille desseignée par Sebastien Pontault officier des ingens en l'année 1570.

Veüe du Pont Neuf et de l'isle du Palais, du costé du Pont bourbon, dessiomé par s.

Album

[illegible] février 18[illegible]

26 [illegible]

27 Je te souhaite succès et santé, dans tes courses lointaines; et te renouvelle l'assurance des sentiments les plus sincères. [illegible]

Le 9 Juin 1841.

28 [illegible]

29 Je te remercie mille fois encore [illegible] la poste avant l'heure du départ [illegible]

[illegible]

1 marie ... fille ...

2 Mon mari ... le ... ... 17...

3 (Al des femmes Odille Sebastien, Tarade ... de l'Indre)
Royal et militaire de Saint Louis ancien ingenieur en chef agé de 84 ans.

4 ...

5 Nous soussignés reconnaissons avoir Reçu de
les ... que ... ...
... ...
... ... des ...

7 ... mes complimens a toute ... ...
... ...
... ... = ...

8 mon ...
je vous ... ...
... ... que je suis ...
toujours ton bon et vieux cousin, et conseiller
et ... le ancien de tes amis ...

www.ingramcontent.com/pod-product-compliance
Lightning Source LLC
Chambersburg PA
CBHW051241050726
47594CB00001B/252